René Martin

Excel-Gimmicks II:

Amüsantes, Wissenswertes und Erstaunliches rund um die Tabellenkalkulation Excel

René Martin

Excel-Gimmicks II:

Amüsantes, Wissenswertes und Erstaunliches rund um die Tabellenkalkulation Excel

Bibliografische Information der Deutschen Nationalbibliothek:
Die Deutsche Nationalbibliothek verzeichnet diese Publikation
in der Deutschen Nationalbibliografie; detaillierte bibliografische Daten
sind im Internet über http://dnb.dnb.de abrufbar.

© 2022 René Martin
Erste Auflage
Illustration: René Martin
Satz: René Martin
Herstellung und Verlag: BoD – Books on Demand, Norderstedt
ISBN: 978-3-7543-1231-5

Inhaltsverzeichnis

Vorwort

Warum Excelgimmicks? Warum ein weiteres Buch über Excel? Nun – das vorliegende Buch ist die Sammlung meiner Vorträge auf den Excelstammtischen des Jahres 2021 und Anfang 2022.

Excelstammtische – Was ist den das?

Die Idee des Excelstammtischs ist nicht meine. Schon vorher gab es im deutschsprachigen Raum Excelstammtische: Andreas Thehos und Johannes Curio organisierten sie. Ich wollte so etwas auch in München installieren und habe es geschafft: Seit Anfang 2016 treffen wir uns fast jeden Monat und diskutieren über Excel. Es nimmt kein Ende. Hier nur einige der Themen, über die wir bisher gesprochen haben:

Didaktik, PowerQuery, PowerPivot, PowerBI, Inquire, AGGREGAT, XVERWEIS, LET und LAMBDA, Excel „hacken", Vorlagen, Excel und XML, Diagramme, Namen in Excel, Excel „schneller machen", eigene Funktionen mit VBA programmieren, bedingte Formatierung, Statistik & Excel und OfficeJS.

Aber auch nicht „reine" Excelthemen, wie beispielsweise: OneNote, Datenvisualisierung, DataSience, SharePoint, Webinare standen auf der Tagesordnung. Wir haben Spaß dabei.

Der Spaß wurde im Jahr 2020 leider getrübt als wir uns nicht mehr treffen durften. Also habe ich den Excelstammtisch online organisiert. Ebenso hat dies Andreas Thehos und Frank Arendt-Theilen getan.

Meine Referate – die vorliegenden Texte

Und ich habe auf vielen dieser Stammtische ein kurzes Referat gehalten. Es wäre schade, wenn diese Referate – ich habe sie Excelgimmicks genannt – verschwinden würden: Amüsantes, Interessantes, Lustiges und Wissenswertes zu verschiedenen Excelthemen. Und eben diese Referate finden Sie in dem vorliegenden Buch.

Sie sind nicht chronologisch aufgelistet, sondern ich habe sie ein wenig gruppiert: Allgemeines, Funktionen, VBA und PowerQuery. Probleme und Lösungen.

Zugegeben: das Referat „Zahlenformate" habe ich bereits im Jahr 2020 gehalten; aber erneut wieder auf dem Excelstammtisch London im Jahr 2021. Da alle vorliegenden Texte auf Deutsch sind, habe ich mich entschieden, diesen Vortrag noch einmal abzudrucken[*] – allerdings nicht in der Sprache, in der ich ihn gehalten habe, sondern auf Deutsch.

---

[*] Ich habe ihn in dem Buch Excelgimmicks I auch abgedruckt.

Zu Excel

„To excel" steht im Oxford Dictionary, bedeutet: „do better than others, be very good". Auf Deutsch könnte man dies mit „herausragen" oder einfach „gut sein" übersetzen. Eben: ein tolles Programm. Eines meiner Lieblingsprogramme. Vielleicht ist es aber auch ein Wortspiel mit „ex" und „cell": aus der Zelle ... Wer weiß?

Auf alle Fälle: Excel ist ein großartiges Programm. Eines meiner Lieblingsprogramme.

Zu mir

Seit über 30 Jahren unterrichte ich Softwareprodukte von verschiedenen Herstellern aus verschiedenen Bereichen. Dabei zählt Excel zu meinen bevorzugten Programmen. Ich programmiere auch Lösungen für Firmen. Sie ahnen es sicherlich: VBA ist meine Lieblingssprache. Aber auch PowerQuery finde ich großartig. Ich habe schon viel gelernt und weiß, dass es noch viel zu lernen gibt. Nicht nur, weil Excel, VBA, PowerQuery und all die anderen in viele verschiedene Wissensgebiete eingreifen, sondern auch, weil an diese Produkte immer wieder neue Anforderungen gestellt werden, die es zu lösen gilt. Und auch, weil häufig neue, spannende Funktionen und Funktionalitäten hinzukommen.

Zu den Lesern und Leserinnen des Buchs

Das Buch richtet sich an Anwender und Anwenderinnen im Büro, die mit Excel arbeiten und die Spaß am Tüfteln und Knobeln haben. Die gerne mit dieser Tabellenkalkulation umgehen und sich freuen, wenn sie etwas Neues lernen. Jedes Kapitel kann einzeln gelesen werden. Man muss also nicht von der ersten bis zur letzten Seite vorgehen.

Zu den Download-Dateien und Screenshots

Die Bildschirmfotos sind alle in Excel aus Office 2016 / 2019 / Microsoft 365 gemacht worden. Bis auf wenige Ausnahmen lassen sich alle in diesem Buch beschriebenen Funktionen mühelos auf die älteren Versionen 2007, 2010 und 2013 übertragen.

Dankeschön

Ein großes Dankeschön geht an die Mitdenker und Mitdenkerinnen unseres Excelstammtisches (insbesondere an Johannes Curio, Christian Gröblacher, Helmut Cantzler, Ernst Börgener, Andreas Protzmann, Tanja Kuhn, Frank Arendt-Theilen und Christian Neuberger). Ein Dankeschön auch an Andreas Thehos (https://thehosblog.com/), Mourad Louha (http://www.excel-ticker.de/) und Frank Arendt-Theilen. Auch bei Ihnen habe ich einige interessante Gedanken gefunden, die in dieses Buch eingeflossen sind. Und: ein großes Dankeschön an Frank Arendt-Theilen, der im Jahr 2021 alternierend zu unserem Stammtisch auch einen online Excelstammtisch angeboten hat.

Und nun wünsche ich viel Freude beim Lesen, beim Rechnen und beim Schmunzeln und:

Vorhang auf und Bühne frei für den Hauptakteur: Excel!

René Martin

René Martin; Hamburg und München, Januar 2022

P.S.: Über Kritik, Anregungen und Vorschläge freue ich mich sehr.

Besuchen Sie auch meinen Blog:

`http://www.excel-nervt.de`

1 Wo kommen die kleinen Excels her?

Excelstammtisch vom 19.01.2021

1.1 Vorlagen

Es sicherlich trivial, dass eine Arbeitsmappe als Vorlage gespeichert werden kann:

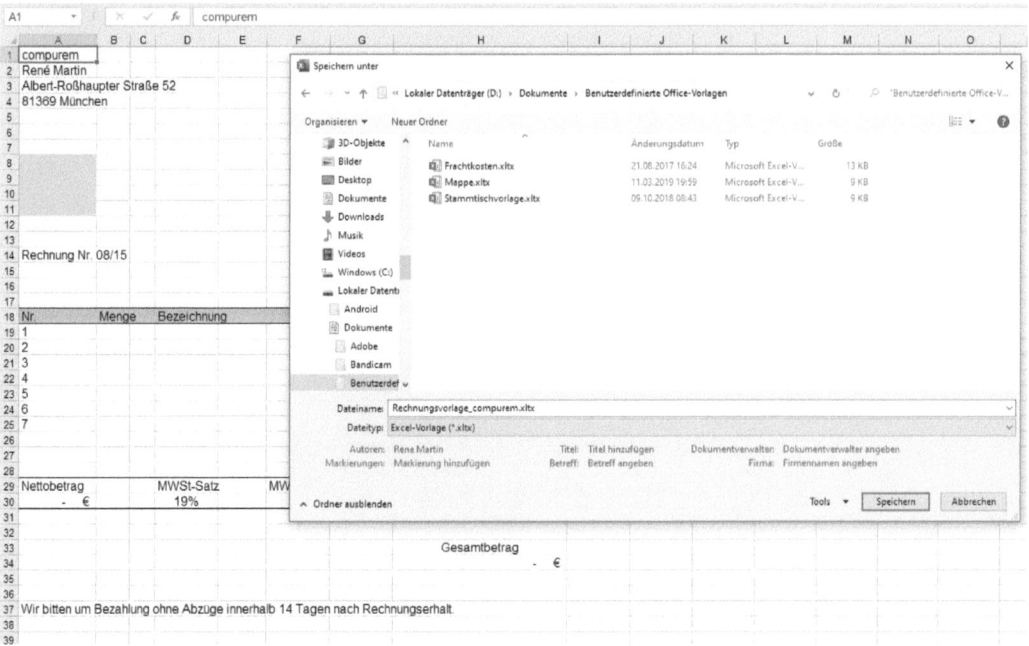

Wählt man den Dateityp XLTX oder XLTM, wird der Vorlagenordner „Benutzerdefinierte Office-Vorlagen" vorgeschlagen. Man findet die Vorlage, indem man in Excel über *Datei / Neu* auf die Registerkarte „Persönlich" klickt. Alle Vorlagen werden dort angezeigt:

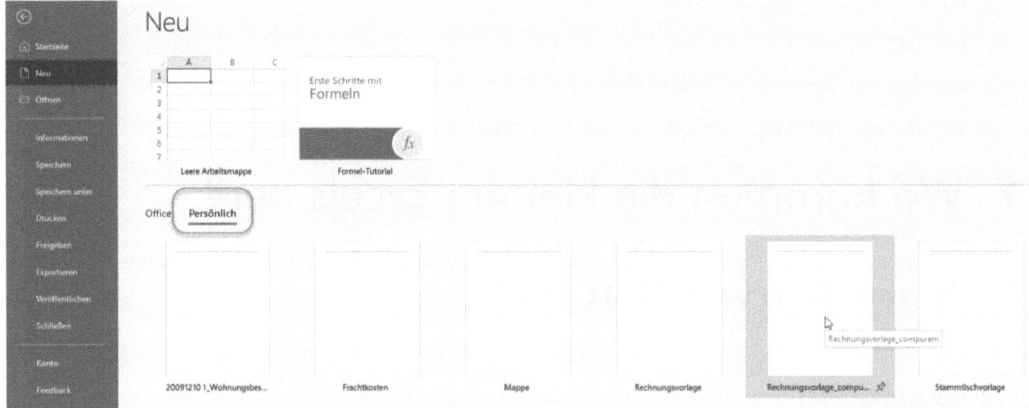

Der Speicherort der Vorlagen kann in den Optionen unter „Speichern" festgelegt werden. Er ist unabhängig von den Word- und PowerPoint-Vorlagen:

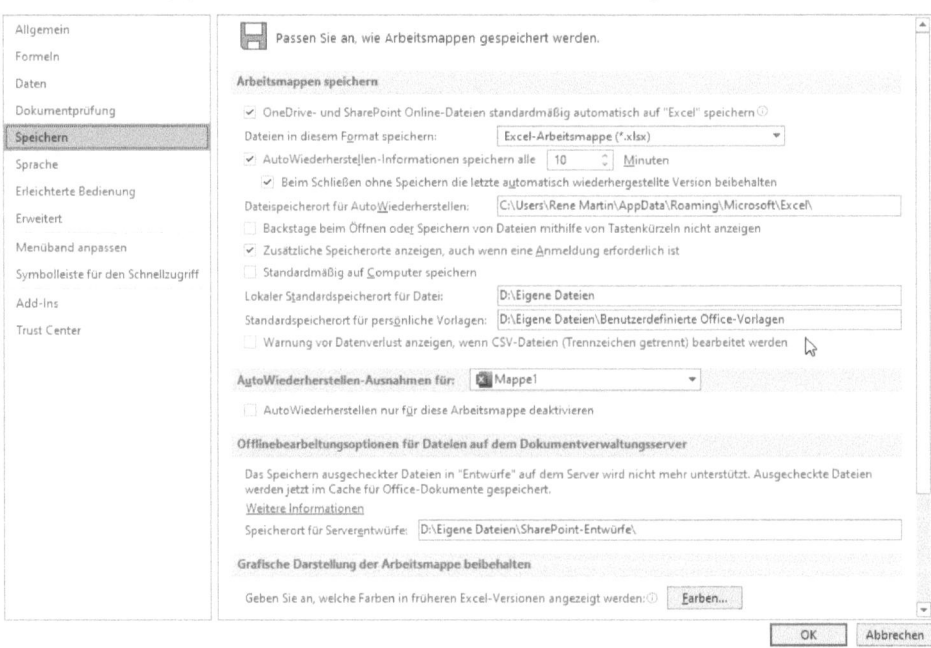

1.2 Die erste Arbeitsmappe

Nun stellt sich die Frage, ob man die „leere Arbeitsmappe", die Excel unter *Datei / Neu* (oder [Strg] + [N]) zur Verfügung stellt, modifizieren kann:

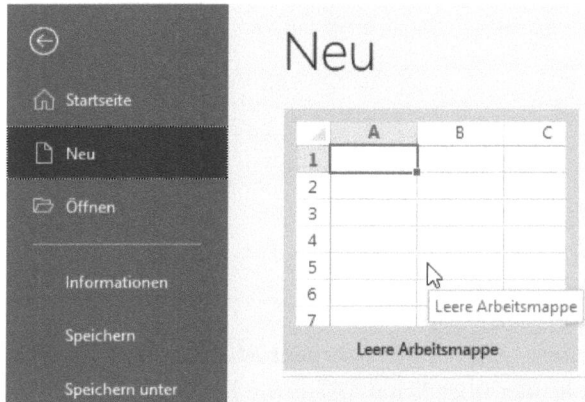

Eine *Normal.dotm* wie in Word, gibt es in Excel ja nicht.

Motivation: Vor einigen Jahren wollte ein Teilnehmer einer Schulung die Grundeinstellung ändern: alle Zellen sollten automatisch einen Textumbruch als Voreinstellung besitzen.

Damit man es besser erkennen kann verwende ich eine gelbe Zellfarbe und eine rote Schriftfarbe und lila Rand:

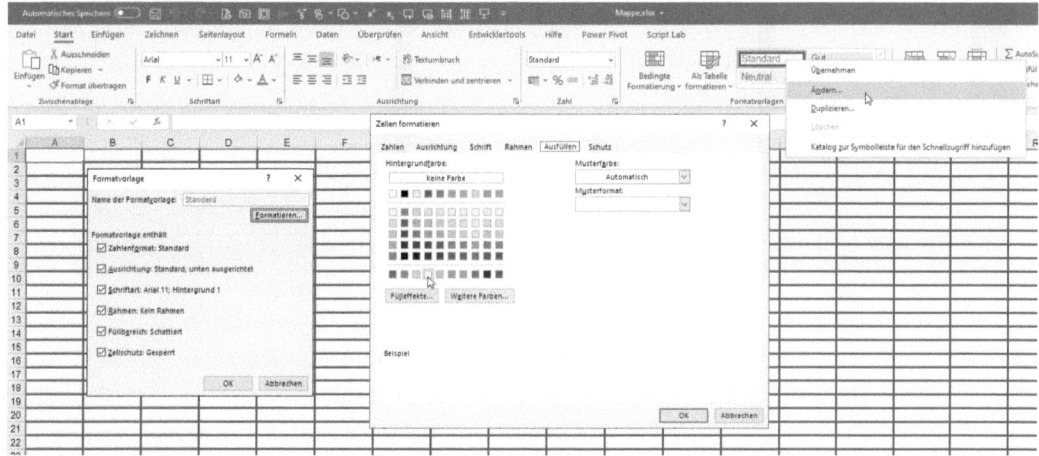

Trägt man im Windows-Explorer *%appdata%* ein und wechselt dann in die Unterordner *Microsoft/Excel*, so findet man dort einen weiteren Unterordner XLSTART. Speichert man die modifizierte Datei in diesen Ordner unter dem Namen *Mappe.xlsx* oder *Mappe.xlsm* ab, so wird **diese** Mappe als erste Datei beim Start von Excel verwendet:

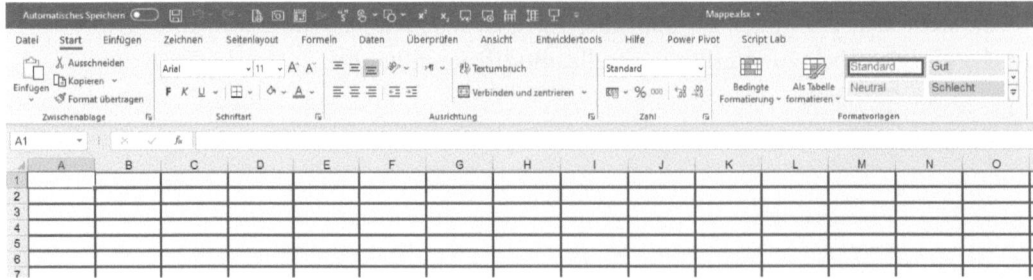

1.3 Leere Arbeitsmappen

Befindet sich in diesem Ordner eine weitere Datei *Mappe.xltx* oder *Mappe.xltm*, wird diese verwendet, wenn man [Strg] + [N] wählt oder über *Datei / Neu* eine Vorlage aufruft.

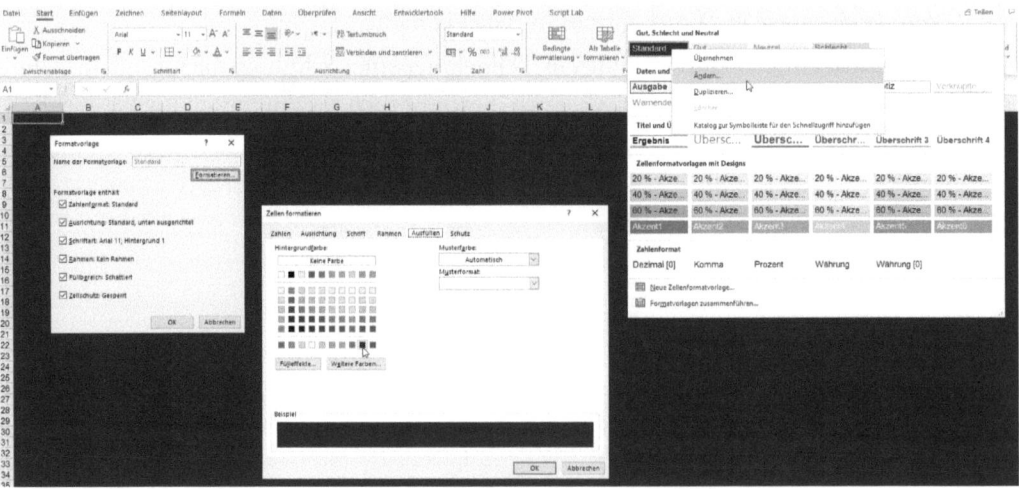

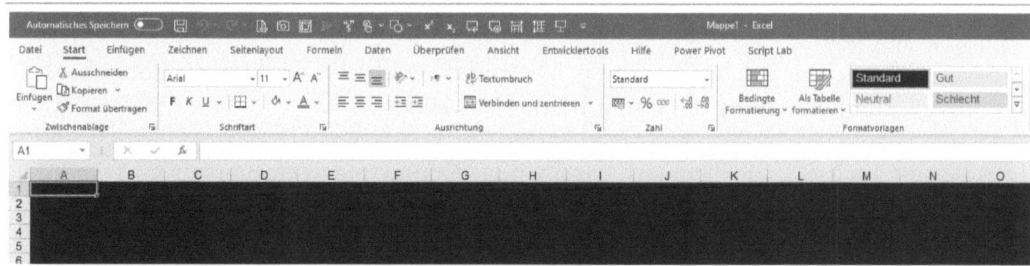

Erstaunlicherweise wird damit **nicht** die leere Arbeitsmappe beeinflusst. Wo diese liegt, entzieht sich meiner Kenntnis.

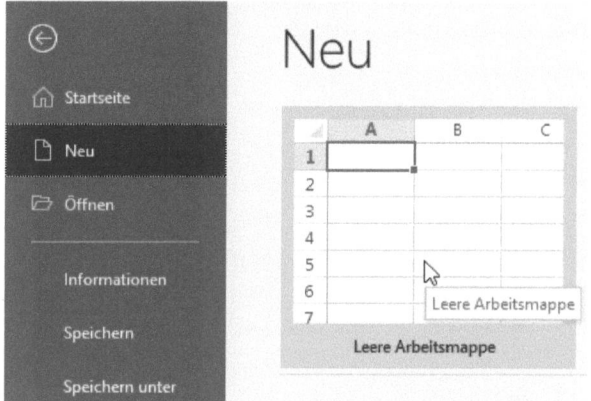

1.4 Neue Blätter?

Legt man eine Datei *Tabelle.xltx* in den Ordner XLSTART, werden neue Tabellenblätter so formatiert:

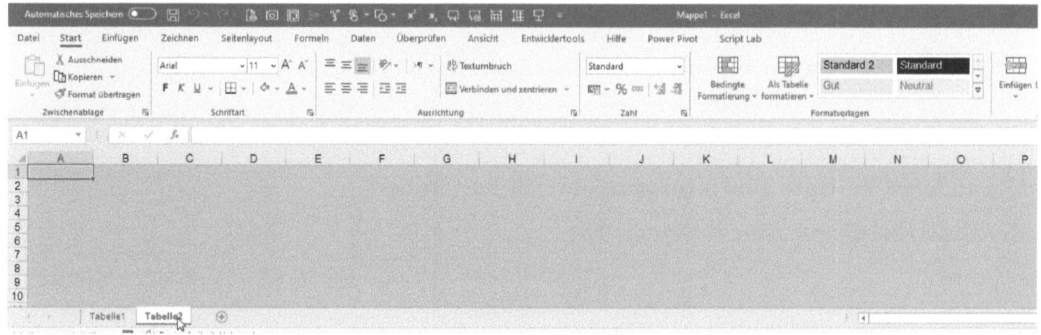

Hinweis

Wurde eine solche Datei gespeichert und verschickt, wird immer noch die Grundeinstellung des ersten Blattes verwendet …

Dies betrifft auch das Tabellenblatt, das über das Kontextmenü erzeugt wird:

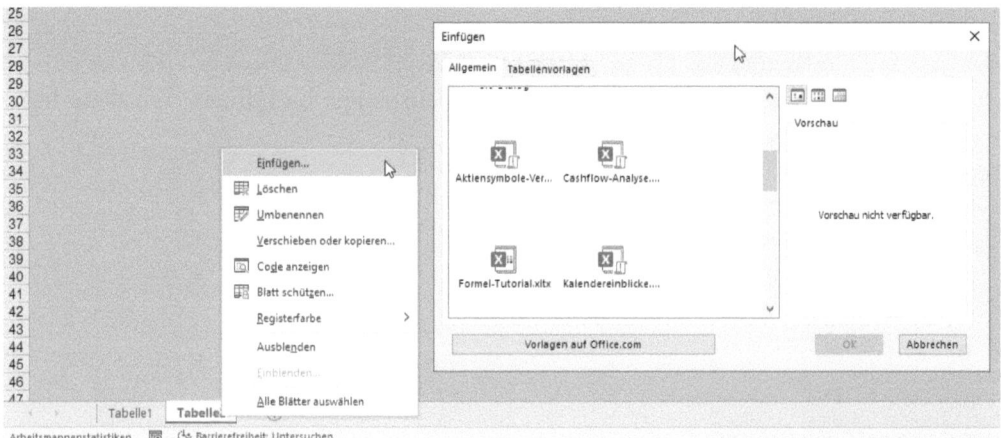

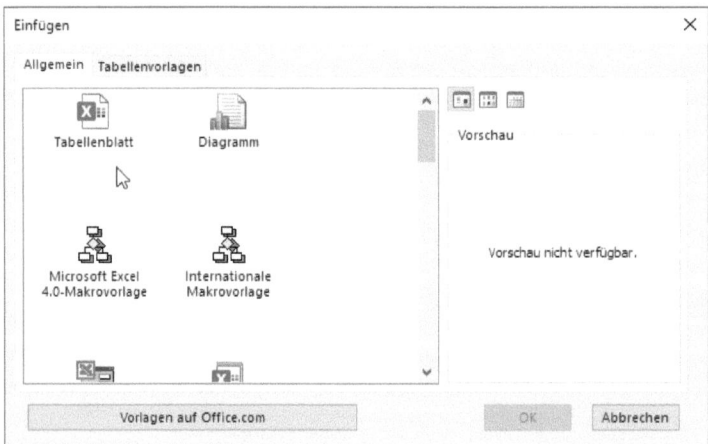

Die anderen Vorlagen sind Vorlagen, die sich im Ordner

AppData\Roaming\Microsoft\Templates

befinden.

1.5 Und schließlich

Wird auf dem Desktop über das Kontextmenü eine neue Datei (neues Tabellenblatt) erzeugt:

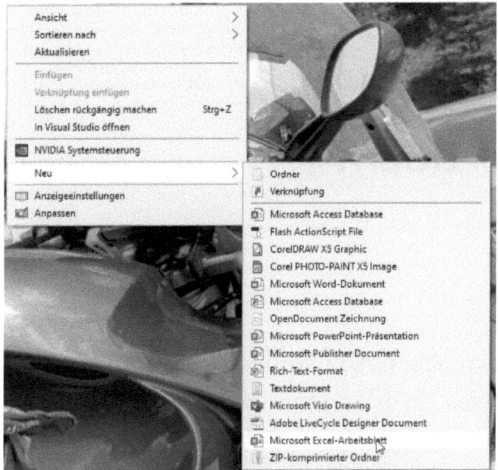

verwendet Excel wiederum eine andere Datei. Diese findet sich in der Registry unter

Computer\HKEY_CLASSES_ROOT\.xlsx\Excel.Sheet.12\ShellNew:

Also an:

C:\Program Files\Microsoft Office\root\vfs\Windows\SHELLNEW\EXCEL12.XLSX

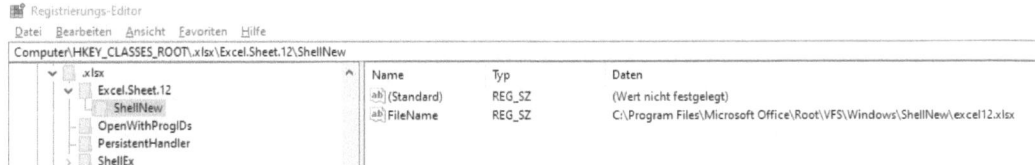

Wird diese Datei geändert, kann man das Ladeverhalten der Datei des Kontextmenüs ändern:

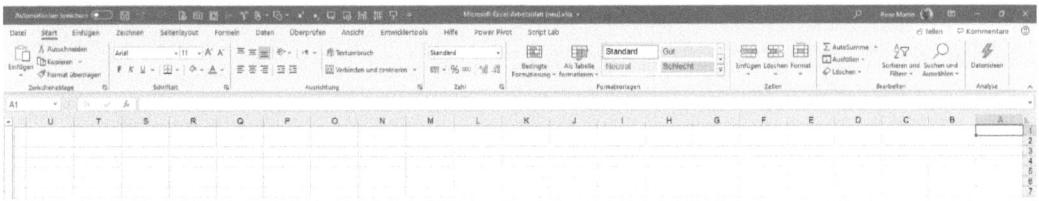

… von rechts nach links … auch lustig!

2

2 Es geht nicht alles, oder doch?

Excelstammtisch vom 08.02.2021

Johannes Curio stellt folgende Frage:

Er möchte aus einer intelligenten Tabelle mit den neuen Arrayfunktionen Daten extrahieren, filtern, sortieren, … Und **das** Ergebnis hätte er gerne in der intelligenten Tabelle. Das geht so leider nicht.

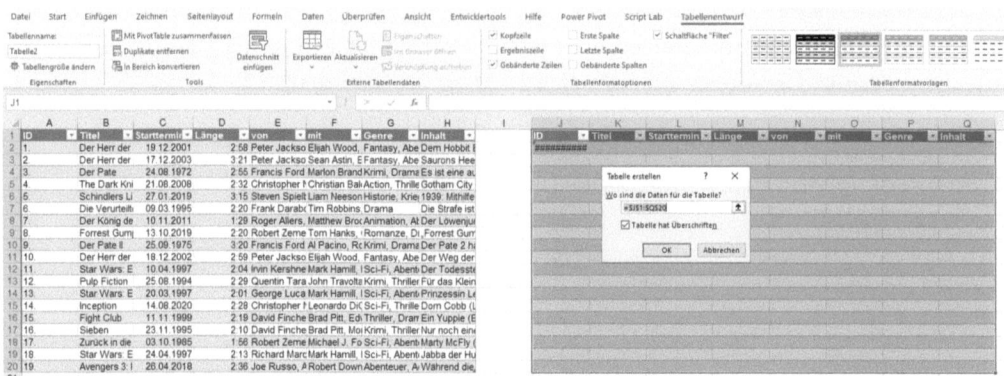

In einer Hilfsspalte kann man die Arrayfunktionen verwenden. Und darauf basiert die zweite intelligente Tabelle, beispielsweise mit

```
=INDEX(tbl_Filme2[#Alle];VERGLEICH($J2;tbl_Filme2
[[Starttermin]:[Starttermin]];0)+1;SPALTE(A1))
```

	A	B	C	D	E	F	G	H	I	J	K	L	M	N
	ID	Titel	Starttermin	Länge	von	mit	Genre	Inhalt		Starttermin		ID	Titel	Starttermin
1														
2	1.	Der Herr der	19.12.2001	2:58	Peter Jacks	Elijah Wood,	Fantasy, Abe	Dem Hobbit		14.08.2020		14.	Inception	14.08.2020
3	2.	Der Herr der	17.12.2003	3:21	Peter Jacks	Sean Astin, E	Fantasy, Abe	Saurons Hee		13.10.2019		8.	Forrest Gum	13.10.2019
4	3.	Der Pate	24.08.1972	2:55	Francis Ford	Marlon Brand	Krimi, Drami	Es ist eine at		27.01.2019		5.	Schindlers Li	27.01.2019
5	4.	The Dark Kni	21.08.2008	2:32	Christopher I	Christian Bal	Action, Thrille	Gotham City		26.04.2018		19.	Avengers 3 I	26.04.2018
6	5.	Schindlers Li	27.01.2019	3:15	Steven Spielt	Liam Neeson	Historie, Krie	1939: Mithilfe		10.11.2011		7.	Der König de	10.11.2011
7	6.	Die Verurteilt	09.03.1995	2:20	Frank Darabi	Tim Robbins	Drama	Die Strafe ist		21.08.2008		4.	The Dark Kni	21.08.2008
8	7.	Der König de	10.11.2011	1:29	Roger Allers,	Matthew Bro	Animation, Al	Der Löwenju		17.12.2003		2.	Der Herr der	17.12.2003
9	8.	Forrest Gum	13.10.2019	2:20	Robert Zeme	Tom Hanks,	Romanze, Di	Forrest Gum		18.12.2002		10.	Der Herr der	18.12.2002
10	9.	Der Pate II	25.09.1975	3:20	Francis Ford	Al Pacino, Rc	Krimi, Drame	Der Pate 2 hi		19.12.2001		1.	Der Herr der	19.12.2001
11	10.	Der Herr der	18.12.2002	2:59	Peter Jackso	Elijah Wood,	Fantasy, Abe	Der Weg der		11.11.1999		15.	Fight Club	11.11.1999
12	11.	Star Wars: E	10.04.1997	2:04	Irvin Kershne	Mark Hamill, I	Sci-Fi, Abent	Der Todesste		24.04.1997		18.	Star Wars: E	24.04.1997
13	12.	Pulp Fiction	25.08.1994	2:29	Quentin Tara	John Travolta	Krimi, Thriller	Für das Klein		10.04.1997		11.	Star Wars: E	10.04.1997
14	13.	Star Wars: E	20.03.1997	2:01	George Luca	Mark Hamill, I	Sci-Fi, Abent	Prinzessin Le		20.03.1997		13.	Star Wars: E	20.03.1997
15	14.	Inception	14.08.2020	2:28	Christopher I	Leonardo Dik	Sci-Fi, Thrille	Dom Cobb (L		23.11.1995		16.	Sieben	23.11.1995
16	15.	Fight Club	11.11.1999	2:19	David Finche	Brad Pitt, Edv	Thriller, Dran	Ein Yuppie (E		09.03.1995		6.	Die Verurteilt	09.03.1995
17	16.	Sieben	23.11.1995	2:10	David Finche	Brad Pitt, Mo	Krimi, Thriller	Nur noch ein		25.08.1994		12.	Pulp Fiction	25.08.1994
18	17.	Zurück in die	03.10.1985	1:56	Robert Zeme	Michael J. Fo	Sci-Fi, Abent	Marty McFly (		03.10.1985		17.	Zurück in die	03.10.1985
19	18.	Star Wars: E	24.04.1997	2:13	Richard Marc	Mark Hamill, I	Sci-Fi, Abent	Jabba der Hu		25.09.1975		9.	Der Pate II	25.09.1975
20	19.	Avengers 3: I	26.04.2018	2:36	Joe Russo, A	Robert Down	Abenteuer, A	Während die,		24.08.1972		3.	Der Pate	24.08.1972
21														

Ein Dankeschön an Christian Gröblacher – er hat es mit einer Funktion erledigt:

```
=XVERWEIS(ZEILE(J2)-1;RANG(tbl_Filme23
[Starttermin];tbl_Filme23[Starttermin];0);tbl_Filme23[ID])
```

3

3 Schnittmenge

Excelstammtisch vom 04.10.2021

Zuerst hört sich die Frage ganz einfach an, aber dann kam ich ins Schleudern:

„Hallo Rene

zum Thema Datumsberechnungen hätte ich gleich eine Frage:

kann Excel auch Zeiträume erkennen, die sich überschneiden, aber unterschiedliche Anfangs- und Endzeiten haben?

Also zum Beispiel:

Mitarbeiter A arbeitet vom 01.05.2021 bis 31.08.2021

Mitarbeiter B arbeitet vom 01.06.2021 bis 15.09.2021

In welchem Zeitraum haben beide gearbeitet

Oder

Von	Bis	Thema
8:00	12:00	Nachdenken
11:30	12:30	Pause
12:30	15:00	Nix tun

Ich überlege. Und erweitere das Beispiel. Das Oktoberfest hätte in diesem Jahr vom 18. September bis 03. Oktober stattgefunden. Adelheid ist von 01.09. bis 30.09 in München; Basti vom 25.09. bis 25.10.; Christoph vom 27.09. bis 30.09.; Doris vom 10.09. bis 10.10.; Erich vom 01.09. bis 10.09. und Franziska vom 10.10. bis 20.10. Wie viele Tage hätten sie aufs Oktoberfest gehen können?

Im ersten Schritt habe ich das visualisiert:

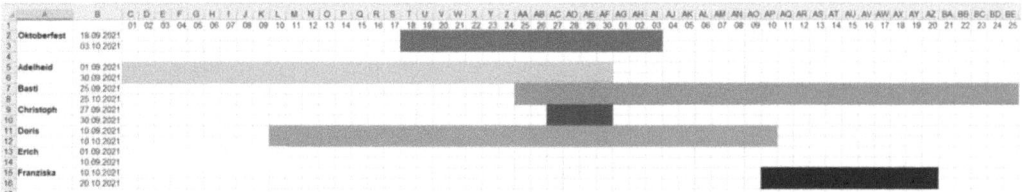

Ich beginne mit Erich und Franziska: Wenn Ende < Beginn Oktoberfest, dann 0. Wenn Anfang > Ende Oktoberfest, dann 0:

C32		fx	=WENN(B33<$B$21;0)	
	A	**B**	**C**	**D**	**E**

	A	B	C	D	E
19					
20					
21	**Oktoberfest**	18.09.2021			
22		03.10.2021			
23					
24	**Adelheid**	01.09.2021	FALSCH	FALSCH	
25		30.09.2021			
26	**Basti**	25.09.2021	FALSCH	FALSCH	
27		25.10.2021			
28	**Christoph**	27.09.2021	FALSCH	FALSCH	
29		30.09.2021			
30	**Doris**	10.09.2021	FALSCH	FALSCH	
31		10.10.2021			
32	**Erich**	01.09.2021	0	FALSCH	
33		10.09.2021			
34	**Franziska**	10.10.2021	FALSCH	0	
35		20.10.2021			

Dann die umschließenden Bereiche:

=WENN(UND(B28>=$B$21;B29<=B22);B29-B28+1;0)

| E28 | | | f_x | =WENN(UND(B28>=$B$21;B29<=B22);B29-B28+1;0) | | | |

	A	B	C	D	E	F	G	H
19								
20								
21	Oktoberfest	18.09.2021						
22		03.10.2021						
23								
24	Adelheid	01.09.2021	FALSCH	FALSCH	0	0		
25		30.09.2021						
26	Basti	25.09.2021	FALSCH	FALSCH	0	0		
27		25.10.2021						
28	Christoph	27.09.2021	FALSCH	FALSCH	4	0		
29		30.09.2021						
30	Doris	10.09.2021	FALSCH	FALSCH	0	16		
31		10.10.2021						
32	Erich	01.09.2021	0	FALSCH	0	0		
33		10.09.2021						
34	Franziska	10.10.2021	FALSCH		0	0	0	
35		20.10.2021						

Und schließlich die überschneidenden Bereiche:

Wenn Anfang <= Anfang Oktoberfest und Ende <= Ende Oktoberfest, dann Ende – Anfang Oktoberfest:

| G24 | | | f_x | =WENN(UND(B24<=$B$21;B25<=$B$22);B25-$B$21+1;0) | | | |

	A	B	C	D	E	F	G	H	I
19									
20									
21	Oktoberfest	18.09.2021							
22		03.10.2021							
23									
24	Adelheid	01.09.2021	FALSCH	FALSCH	0	0	13	0	
25		30.09.2021							
26	Basti	25.09.2021	FALSCH	FALSCH	0	0	0	9	
27		25.10.2021							
28	Christoph	27.09.2021	FALSCH	FALSCH	4	0	0	0	
29		30.09.2021							
30	Doris	10.09.2021	FALSCH	FALSCH	0	16	0	0	
31		10.10.2021							
32	Erich	01.09.2021	0	FALSCH	0	0	-7	0	
33		10.09.2021							
34	Franziska	10.10.2021	FALSCH		0	0	0	0	-6
35		20.10.2021							

Analog die zweite Überschneidung:

Wenn Ende >= Ende Oktoberfest und Anfang >= Anfang Oktoberfest, dann Ende Oktoberfest – Anfang:

```
=WENN(UND(B27>=$B$22;B26>=$B$21);$B$22-B26+1;0)
```

Dabei fällt auf, dass die ersten beiden Fälle mit einbezogen werden – man muss sie explizit ausschließen, beispielsweise mit einem dritten Fall:

und Ende >= Anfang Oktoberfest, beziehungsweise: Anfang <= Ende Oktoberfest:

```
=WENN(UND(B24<=$B$21;B25<=$B$22;B25>=$B$21);B25-$B$21+1;0)
```

beziehungsweise:

```
=WENN(UND(B27>=$B$22;B26>=$B$21;B26<=$B$22);$B$22-B26+1;0)
```

so:

H26			⨯ ✓ ƒx	=WENN(UND(B27>=$B$22;B26>=$B$21;B26<=$B$22);$B$22-B26+1;0)						
	A	B	C	D	E	F	G	H	I	J
19										
20										
21	Oktoberfest	18.09.2021								
22		03.10.2021								
23										
24	Adelheid	01.09.2021	FALSCH	FALSCH	0	0	13	0		
25		30.09.2021								
26	Basti	25.09.2021	FALSCH	FALSCH	0	0	0	9		
27		25.10.2021								
28	Christoph	27.09.2021	FALSCH	FALSCH	4	0	0	0		
29		30.09.2021								
30	Doris	10.09.2021	FALSCH	FALSCH	0	16	0	0		
31		10.10.2021								
32	Erich	01.09.2021	0	FALSCH	0	0	0	0		
33		10.09.2021								
34	Franziska	10.10.2021	FALSCH	0	0	0	0	0		
35		20.10.2021								
36										

Ein Summieren der Varianten verbietet sich, da stets mit >= und <= gearbeitet wurde. So könnte ein Datumsbereich vom 18.09. bis 20.09. in zwei der sechs Kategorien fallen. Entweder man ändert einige der <=in < oder man baue den Baum auf:

1. Fall: leere Menge
2. Fall: ganzer Bereich
3. Fall: Überschneidung

1. Fall:

```
=WENN(ODER(B33<$B$21;B32>$B$22);0)
```

2. Fall a: Datumsbereich liegt im Oktoberfestzeitraum:

```
=WENN(ODER(B33<$B$21;B32>$B$22);0;
WENN(UND(B32>=$B$21;B33<=$B$22);B33-B32+1;0))
```

2. Fall b: Oktoberfestzeitraum liegt im Datumsbereich:

```
=WENN(ODER(B31<$B$21;B30>$B$22);0;
WENN(UND(B30>=$B$21;B31<=$B$22);
B31-B30+1;
WENN(UND($B$21>=B30;$B$22<=B31);$B$22-$B$21+1;0)))
```

J30		fx	=WENN(ODER(B31<$B$21,B30>$B$22),0,WENN(UND(B30>=$B$21,B31<=$B$22),B31-B30+1,WENN(UND($B$21>=B30,$B$22<=B31),$B$22-$B$21+1,0)))														
	A	B	C	D	E	F	G	H	I	J	K	L	M	N	O	P	Q	R
19																	
20																	
21	Oktoberfest	18.09.2021															
22		03.10.2021															
23																	
24	Adelheid	01.09.2021	FALSCH	FALSCH		0	0	13	0	0							
25		30.09.2021															
26	Basti	25.09.2021	FALSCH	FALSCH		0	0	0	9	0							
27		25.10.2021															
28	Christoph	27.09.2021	FALSCH	FALSCH		4	0	0	0	4							
29		30.09.2021															
30	Doris	10.09.2021	FALSCH	FALSCH		0	16	0	0	16							
31		10.10.2021															
32	Erich	01.09.2021	0	FALSCH		0	0	0	0	0							
33		10.09.2021															
34	Franziska	10.10.2021	FALSCH	0		0	0	0	0	0							
35		20.10.2021															

Und schließlich die beiden Fälle Nummer 3:

```
=WENN(ODER(B25<$B$21;B24>$B$22);0;
WENN(UND(B24>=$B$21;B25<=$B$22);B25-B24+1;
WENN(UND($B$21>=B24;$B$22<=B25);
$B$22-$B$21+1;WENN(UND(B24<=$B$21;B25<=$B$22);B25-$B$21+1;0))))
```

und:

```
=WENN(ODER(B27<$B$21;B26>$B$22);0;
WENN(UND(B26>=$B$21;B27<=$B$22);B27-B26+1;
WENN(UND($B$21>=B26;$B$22<=B27);$B$22-$B$21+1;
WENN(UND(B26<=$B$21;B27<=$B$22);B27-$B$21+1;
WENN(UND(B27>=$B$22;B26>=$B$21);$B$22-B26+1;0)))))
```

J25		fx	=WENN(ODER(B27<$B$21,B26>$B$22),0,WENN(UND(B26>=$B$21,B27<=$B$22),B27-B26+1,WENN(UND($B$21>=B26,$B$22<=B27),B27-$B$21+1,WENN(UND(B26<=$B$21,B27<=$B$22),B27-$B$21+1,WENN(UND(B27>=$B$22,B26>=$B$21),$B$22-B26+1,0)))))																			
	A	B	C	D	E	F	G	H	I	J	K	L	M	N	O	P	Q	R	S	T	U	V	W	X	Y
19																								
20																								
21	Oktoberfest	18.09.2021																						
22		03.10.2021																						
23																								
24	Adelheid	01.09.2021	FALSCH	FALSCH		0	0	13	0	13														
25		30.09.2021																						
26	Basti	25.09.2021	FALSCH	FALSCH		0	0	0	9	9														
27		25.10.2021																						
28	Christoph	27.09.2021	FALSCH	FALSCH		4	0	0	0	4														
29		30.09.2021																						
30	Doris	10.09.2021	FALSCH	FALSCH		0	16	0	0	16														
31		10.10.2021																						
32	Erich	01.09.2021	0	FALSCH		0	0	0	0	0														
33		10.09.2021																						
34	Franziska	10.10.2021	FALSCH	0		0	0	0	0	0														
35		20.10.2021																						

Natürlich hätte man die Bedingungen auch umdrehen können.

Natürlich hätte man den Bedingungsbaum auch anders aufbauen können:

Fall: Anfang <= Oktoberfest Anfang? Ja:

Fall a) Ende vor Oktoberfest Anfang?

Fall b) Ende nach Oktoberfest Ende?

Fall c) Ende zwischen Oktoberfest Anfang und Ende?

[…]

Die Teilnehmerinnen waren begeistert und erschöpft. Leider haben sie nur Excel 2016. Ich überlegte mir, ob man das Problem nicht mit den Matrixfunktionen SEQUENZ & co lösen kann. Die Antwort: Man kann:

Wir beginnen mit Adelheid. Im ersten Schritt werden alle Adelheid-Tage und Oktoberfesttage aufgelistet. Die Funktion SEQUENZ hilft hierbei:

```
=SEQUENZ(A6-A5+1;1;A5)
```

E1			f_x	=SEQUENZ(A6-A5+1;1;A5)	
	A	B	C	D	E	F
1	18.09.2021		18.09.2021		01.09.2021	
2	03.10.2021		19.09.2021		02.09.2021	
3			20.09.2021		03.09.2021	
4	Adelheid:		21.09.2021		04.09.2021	
5	01.09.2021		22.09.2021		05.09.2021	
6	30.09.2021		23.09.2021		06.09.2021	
7			24.09.2021		07.09.2021	
8			25.09.2021		08.09.2021	
9			26.09.2021		09.09.2021	
10			27.09.2021		10.09.2021	
11			28.09.2021		11.09.2021	
12			29.09.2021		12.09.2021	
13			30.09.2021		13.09.2021	
14			01.10.2021		14.09.2021	
15			02.10.2021		15.09.2021	
16			03.10.2021		16.09.2021	
17					17.09.2021	
18					18.09.2021	
19					19.09.2021	
20					20.09.2021	
21					21.09.2021	
22					22.09.2021	
23					23.09.2021	
24					24.09.2021	
25					25.09.2021	
26					26.09.2021	
27					27.09.2021	
28					28.09.2021	
29					29.09.2021	
30					30.09.2021	
31						

Nun kann man zählen, wie oft jeder Adelheid-Tag in der Oktoberfest-Tagesliste vorkommt – einmal oder kein Mal:

	A	B	C	D	E	F	G	H
	G1			f_x	=ZÄHLENWENN($E$1#;C1)			
1	18.09.2021		18.09.2021		01.09.2021		1	
2	03.10.2021		19.09.2021		02.09.2021		1	
3			20.09.2021		03.09.2021		1	
4	Adelheid:		21.09.2021		04.09.2021		1	
5	01.09.2021		22.09.2021		05.09.2021		1	
6	30.09.2021		23.09.2021		06.09.2021		1	
7			24.09.2021		07.09.2021		1	
8			25.09.2021		08.09.2021		1	
9			26.09.2021		09.09.2021		1	
10			27.09.2021		10.09.2021		1	
11			28.09.2021		11.09.2021		1	
12			29.09.2021		12.09.2021		1	
13			30.09.2021		13.09.2021		1	
14			01.10.2021		14.09.2021		0	
15			02.10.2021		15.09.2021		0	
16			03.10.2021		16.09.2021		0	
17					17.09.2021		0	
18					18.09.2021		0	
19					19.09.2021		0	
20					20.09.2021		0	
21					21.09.2021		0	
22					22.09.2021		0	
23					23.09.2021		0	
24					24.09.2021		0	
25					25.09.2021		0	
26					26.09.2021		0	
27					27.09.2021		0	
28					28.09.2021		0	
29					29.09.2021		0	
30					30.09.2021		0	
31								
32								

Und diese Kolonne kann man summieren.

Oder in einer Formel:

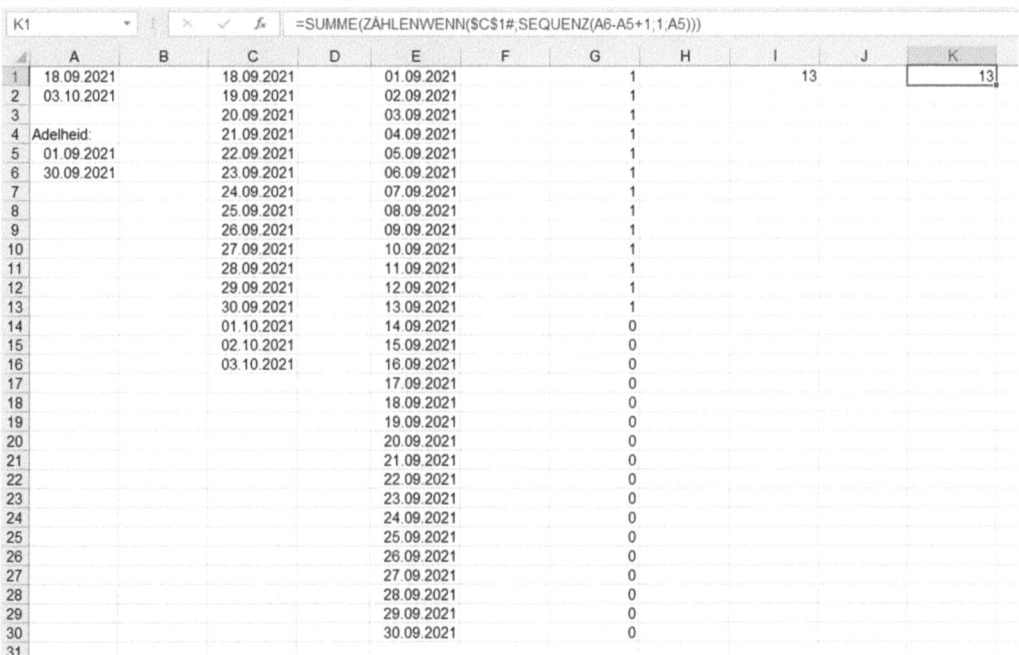

Geht das auch mit FILTER? Klar:

`=FILTER(C1#;(C1#>=A5)*(C1#<=A6))`

Geht das auch mit FILTER? Klar:

`=FILTER(C1#;(C1#>=A5)*(C1#<=A6))`

Oder in einer Formel:

`=FILTER(SEQUENZ(A2-A1+1;1;A1);`
`(SEQUENZ(A2-A1+1;1;A1)>=A5)*(SEQUENZ(A2-A1+1;1;A1)<=A6))`

Ich war sicher, dass es für dieses Problem noch weitere Lösungen gibt. Und tatsächlich – ich musste nicht lange warten:

Hallo Rene,

meine Lösungsvorschlag kommt mit einer einfachen Formel (ohne Matrixformel) aus.

Das Startdatum des Oktoberfest steht in B2

Das Enddatum des Oktoberfest steht in B3

Der erste Tag von Adele in München steht in B5

Der letzte Tag von Adele in München steht in B6

Dann berechnet folgende Formel die Überschneidung, also die Anzahl von Tagen die Adele auf das Oktoberfest gehen kann.

```
=ZEILEN(INDEX(A:A;B2):INDEX(A:A;B3) INDEX(A:A;B5):INDEX
(A:A;B6))
```

Im Falle Adele 13 Tage.

Für die anderen Personen muss diese Formel nur entsprechend angepasst werden.

Gibt es keine Überschneidung wie bei Erich und Franziska gibt die Formel den Wert #NULL! aus.

Wichtig ist das Leerzeichen in der Mitte der Formel. Dadurch wird die Schnittmenge ermittelt.

Salü

Ernst

PS: Nachtrag:

Allerdings kann man durch eine kleine Änderung der Formel meines Lösungsvorschlages (aus Zeilen() mache Zeile() und gebe die Formel als Matrixformel ein) eine einspaltige Matrix erzeugen, in der die Datumswerte der Schnittmenge eingetragen sind.

Also

```
=ZEILEN(INDEX($A:$A;$B$2):INDEX($A:$A;$B$3) INDEX($A:$A;B5):
INDEX($A:$A;B6))
```

Ergebnis = 13

```
{=ZEILE(INDEX($A:$A;$B$2):INDEX($A:$A;$B$3) INDEX($A:$A;B5):
INDEX($A:$A;B6))}
```

Ergebnis (Zellen als kurzes Datum formatiert.):

18.09.2021

19.09.2021

20.09.2021

21.09.2021

22.09.2021

23.09.2021

24.09.2021

25.09.2021

26.09.2021

27.09.2021

28.09.2021

29.09.2021

30.09.2021

MONAT	▾	:	×	✓	_fx_	=ZEILEN(INDEX(A:A;$B$2):INDEX(A:A;$B$3) INDEX(A:A;B5):INDEX(A:A;B6))			
◢	A	B	C	D	E	F	G	H	I
1									
2	Oktoberfest	18.09.2021							
3		03.10.2021							
4									
5	Adelheid	01.09.2021		=ZEILEN(INDEX(A:A;$B$2):INDEX(A:A;$B$3) INDEX(A:A;B5):INDEX(A:A;B6))					
6		30.09.2021							
7	Basti	25.09.2021		9					
8		25.10.2021							
9	Christoph	27.09.2021		4					
10		30.09.2021							
11	Doris	10.09.2021		16					
12		10.10.2021							
13	Erich	01.09.2021		#NULL!					
14		10.09.2021							
15	Franziska	10.10.2021		#NULL!					
16		20.10.2021							
17									

Danke Ernst – sehr clever!

Und schließlich hat Helmut Cantzler eine Lösung mit SUMMENPRODUKT gefunden:

Danke an Helmut – auch sehr clever!

Und schließlich kann man das Problem auch mit VBA lösen. Man muss zwei Bereiche (Range) definieren und die Schnittmenge (*Application.Intersect*) bestimmen:

```
Dim xlBereich1 As Range

Dim xlBereich2 As Range

Dim xlSchnittmenge As Range

With ThisWorkbook.Worksheets("Helmut")

    Set xlBereich1 = .Range(.Cells(Range("B2").Value2, 1),

        .Cells(.Range("B3").Value2, 1))

    Set xlBereich2 = .Range(.Cells(Range("B5").Value2, 1),

        .Cells(.Range("B6").Value2, 1))

End With

Set xlSchnittmenge = _

    Application.Intersect(xlBereich1, xlBereich2)

    MsgBox xlSchnittmenge.Cells.Count
```

Oder in einem Befehl:

```
MsgBox Application.Intersect(Range(Cells(Range("B2").Value2,
1), Cells(Range("B3").Value2, 1)),
Range(Cells(Range("B5").Value2, 1), Cells(Range("B6").Value2,
1))).Cells.Count
```

Klappt! Danke an Andreas Protzmann für diesen Hinweis. Auch clever!

Und schließlich reagiert Christian:

MAX	▼ : × ✓ ƒx	=MAX(MIN($B$3;B6)-MAX($B$2;B5)+1;0)				
	A	B	C	D	E	F
1						
2	**Oktoberfest**	18.09.2021				
3		03.10.2021				
4						
5	**Adelheid**	01.09.2021		=MAX(MIN($B$3;B6)-MAX($B$2;B5)+1;0)		
6		30.09.2021				
7	**Basti**	25.09.2021		9		
8		25.10.2021				
9	**Christoph**	27.09.2021		4		
10		30.09.2021				
11	**Doris**	10.09.2021		16		
12		10.10.2021				
13	**Erich**	01.09.2021		0		
14		10.09.2021				
15	**Franziska**	10.10.2021		0		
16		20.10.2021				

Auch sehr clever! Und sehr elegant! Danke, Christian.

4

4 Keine Angst vor XML oder: Excel „aufbrechen"

Excelstammtisch vom 12.04.2021

Mit Office 2007 führte Microsoft ein neues Datenformat ein. Die alten „xls", „xlt" und „xla"-Dateien werden zwar noch unterstützt, jedoch schlägt Excel nun beim Speichern Dateien in den Formaten „xlsx", „xlsm", „xltx", „xltm" beziehungsweise „xlam" vor. Der Buchstabe „m" steht dafür, dass an der Datei Makros gebunden sind.

Egal in welchem Dateiformat man die Datei speichert – die obengenannten Dateiformate sind nichts anderes als gezippte Archive. Das bedeutet konkret Folgendes:

Eine Datei wird als „Excelmappe mit Makros" gespeichert, das heißt mit der Endung XLSM. Nun schließt man die Datei und benennt die Datei im Explorer mit der Endung ZIP um. Nun kann man die Dateien extrahieren.

Sämtliche Informationen der Exceltabelle – alle Daten, Formeln, Formatierungen, Einstellungen, Spaltenbreiten, … finden Sie nun in den verschiedenen XML-Dateien. Die reinen Daten liegen dabei im Unterordner *xl\worksheets*. Sie können in einem Browser geöffnet werden – die gängigen Browser können XML-Daten anzeigen. In einem XML-Editor kann man natürlich auch die Daten betrachten. Oder man öffnet die XML-Datei in einem beliebigen Editor. Befinden sich in der Excelmappe binäre Daten, also Bilder, Sounddateien oder Videos, so werden sie in dem Ordner *xl\media* abgelegt. Ein Verweis auf diese Datei befindet sich im der Datei *drawing1.xml.rels*, die im Ordner *xl\drawings* liegt. Dort befindet sich im Knoten *Relationships\Relationship* das Attribut „Target", das einen Verweis auf die Bilddatei liefert, beispielsweise *..\media\image1.jpeg*.

Allerdings: Wer braucht das? Wer macht so etwas? Und: warum?

4.1 XML - Allgemeines

- XML ist eine Auszeichnungssprache, definiert durch das WWW-Konsortium
- XML-Dateien sind reine Textdateien und können mit jedem Editor in jedem Betriebssystem geöffnet, gelesen und geändert werden.
- XML-Dateien dienen zum Datenaustausch (kein vernünftiger Mensch schreibt per Hand XML-Dateien)
- Aufgrund der „Fehler" und Probleme von HTML wurden einerseits strenge Regeln festgelegt, andererseits in Bezug auf Aufbau und Inhalt völlige Freiheiten gelassen
- Jedes Programm ist in der Lage seine Informationen in eine XML-Datei zu importieren.
- Sehr viele Programme verwenden intern XML (beispielsweise Excel)
- Jede Programmiersprache kann XML verarbeiten – die beiden Klassen DOM und SAX sind normiert.
- Da XML reine Daten hält benötigt man Transformationsanweisungen (XSL(T)), um diese Dateien „vernünftig" im Internet, auf dem Handy, in einem PDF, Word, Excel, … darzustellen
- Es gibt normierte Überprüfungsmechanismen (beispielsweise Schema-Dateien – XSD) mit deren Hilfe XML-Dateien überprüft werden können.

4.2 Notizen exportieren

Kann man Notizen exportieren? Vor einigen kam diese Frage in einer Excelschulung. Das Drucken der Notizen stellt kein Problem dar – aber das Exportieren?

Mit einem kleinen Trick funktioniert es: Man kann sich die Notizen und Kommentare „am Ende des Blattes" (gemeint: am Ende des Tabellenblattes) anzeigen lassen und anschließend die Tabelle als PDF drucken. Nun kann man dieses PDF in Word öffnen und hat die Notizen zur Verfügung.

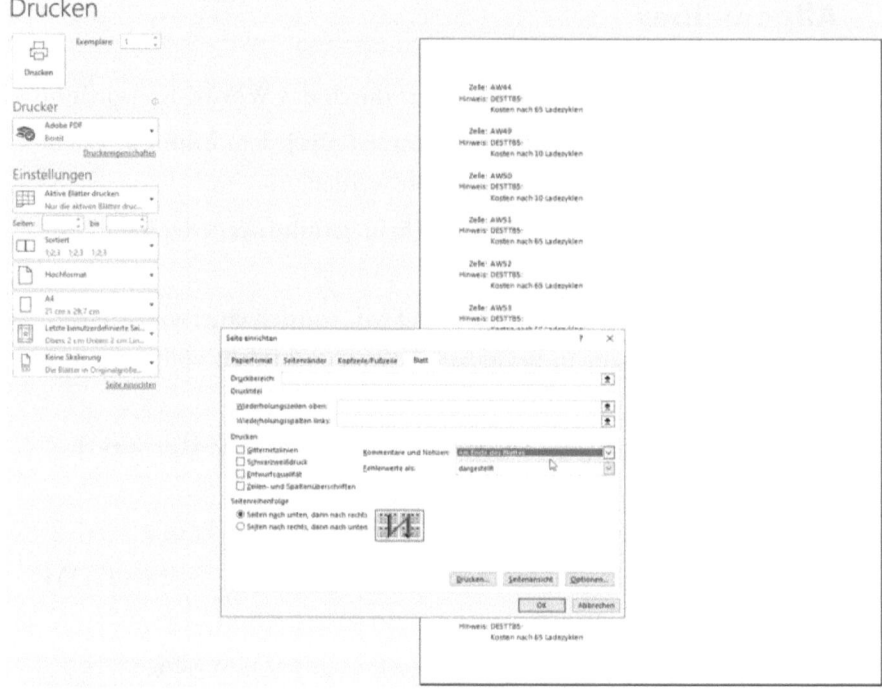

Hinweis

Allerdings: beim Speichern der Excelmappe als PDF finden sich die Texte der Notizen nicht im PDF-Dokument!

Natürlich kann man auch ein VBA-Makro schreiben und die Comments extrahieren.

Oder: man benennt die Datei um mit der Endung ZIP, extrahiert sie und findet eine oder mehrere Dateien `comments`. Darin befinden sich die Kommentare, die man leicht mit PowerQuery extrahieren kann:

4.3 Menüband

Die meisten Befehle werden vom Anwender über Symbole auf dem Menüband aufgerufen. Hierfür verwende ich einen Master, den ich als Grundlage verwende.

Alternative: das Tool RibbonCreator, das eine kostenlose Version zur Verfügung stellt.

Für die Symbole verwende ich die internen Symbole; man findet sie auf der Seite:

`http://msdn2.microsoft.com/en-us/office/aa905530.aspx`

Die Liste der *idMso* finden Sie unter:

`https://www.microsoft.com/en-us/download/details.aspx?`
`displaylang=en&id=6627`

Die Beschreibung aller Elemente auf:

`https://docs.microsoft.com/en-us/openspecs/office_standards/`
`ms-customui/141f881c-a5a4473f-9449-55d3d36579ed`

Die Liste aller Namen der Elemente *tab*:

`https://docs.microsoft.com/de-de/office/dev/add-ins/`
`reference/manifest/officetab`

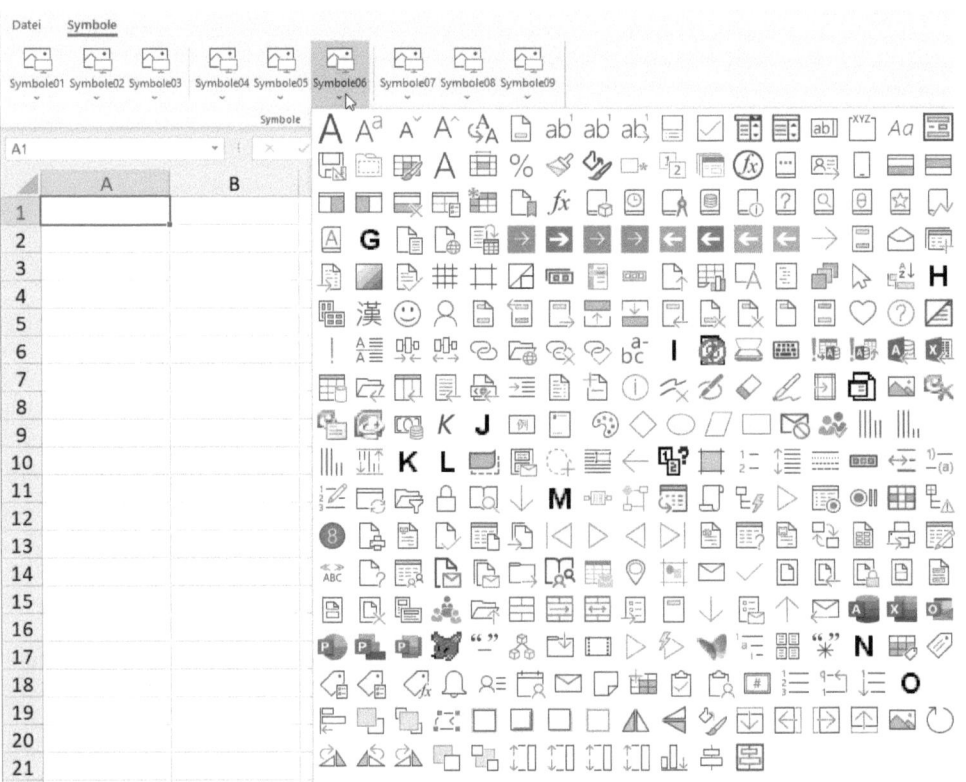

Viele Anbieter stellen kostenlose und kostenpflichtige Icons zur Verfügung, beispielsweise der folgende Anbieter, der einige kostenlose Icons zur Verfügung stellt:

```
http://www.iconshock.com/icon-sets/
super-vista-general-icons.html
```

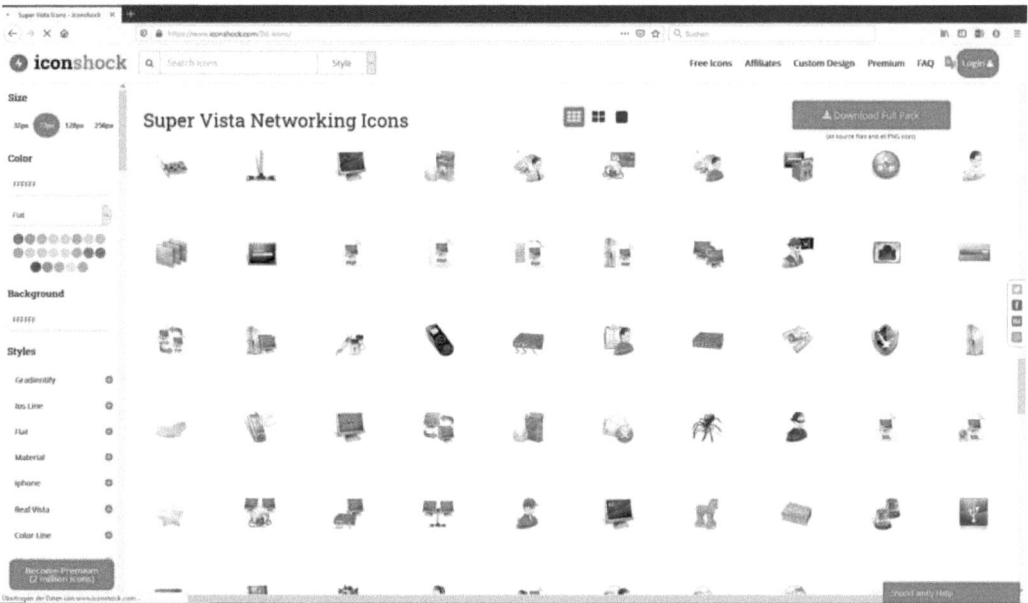

Zur Erstellung des Ribbons verwende ich Visual Studio, da das Schema implementiert ist und so das Erstellen erleichtert.

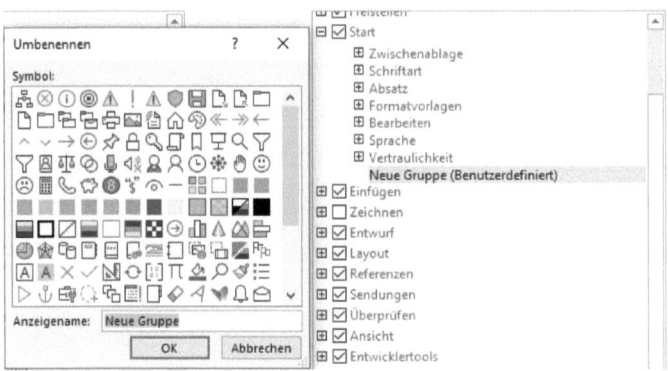

Hinweis

Ich habe mich immer gefragt, warum man einer Gruppe ein Bild geben kann. Auch das XML-Element *group* enthält ein Attribut *imageMso*:

Die Antwort: Wenn das Menüband nicht genügend Platz auf dem Bildschirm hat werden die Gruppen zu Symbolen zusammengefasst.

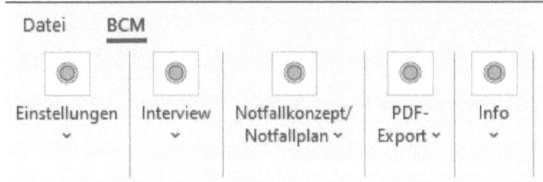

Nur wenn den Gruppen Bilder zugeordnet sind, erscheinen diese Bilder:

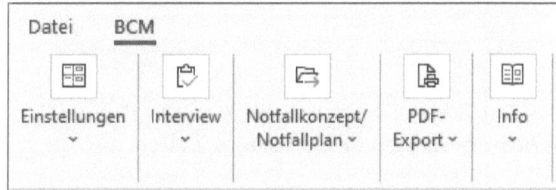

4.4 Und wenn es nicht klappt?

Umgekehrt: Ein Leser schickte mir eine Datei, die beim Öffnen eine Fehlermeldung zeigte:

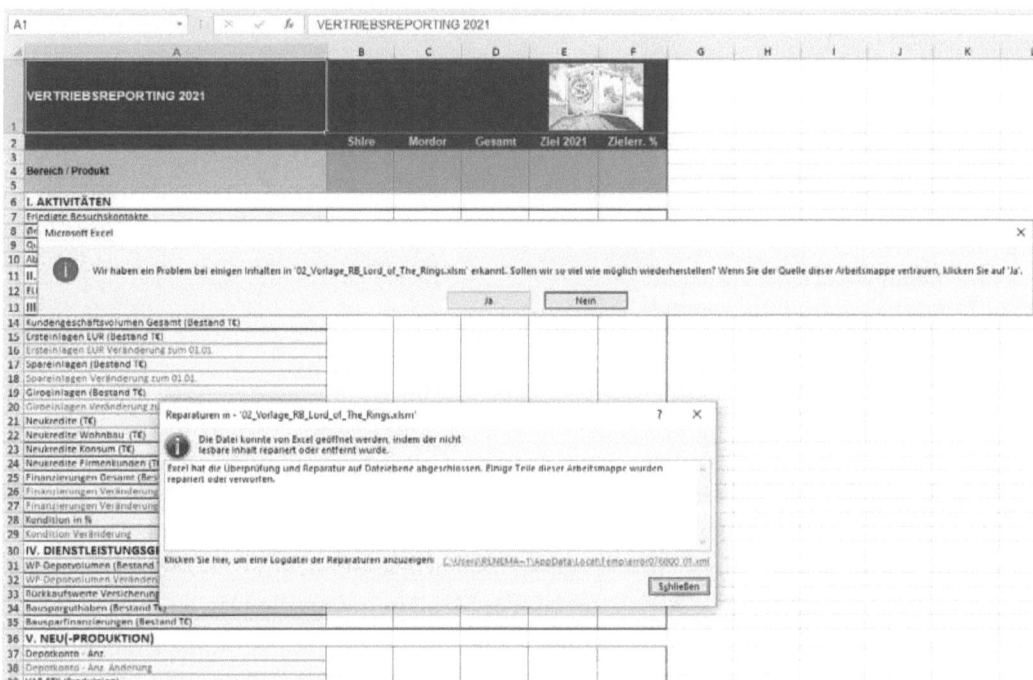

Die Lösung fand sich natürlich in der XML-Datei – dort konnte der Fehler gefunden und behoben werden.

4.5 Bedingte Formatierung

Verblüfft war ich schon. Ein Teilnehmer der letzten Excel-Schulung zeigte mir eine Datei, die er aus dem USA erhalten hat. Darin befanden sich mehrere Zellen mit bedingten Formatierungen:

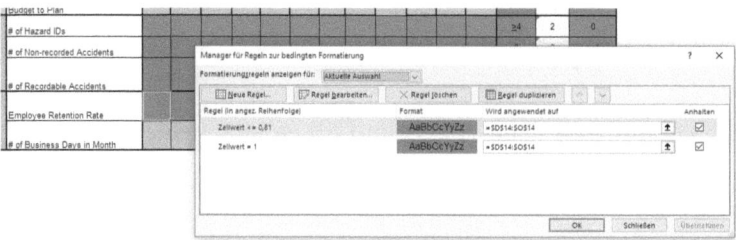

Ein Klick auf die „rote" Bedingung (Zellwert<=0,81) zeigte allerdings die „grüne" Bedingung (Zellwert = 1) an. Ich war erstaunt!

Die Lösung fand ich als ich das Dokument entzippte und mir die Datei *sheet1.xml* im Ordner *xl\worksheets* anschaute. Dort war bei mehreren Bedingungen (nicht bei allen!) das Attribut *priority* auf den gleichen Wert gesetzt: mehrmals auf 4, auf 5, auf 6, … Natürlich müssen dort unterschiedliche Werte stehen. Per Hand geändert, die Dateien gezippt – und schon arbeitete die bedingte Formatierung wieder.

```
<conditionalFormatting sqref="D11:O11">
  <cfRule type="cellIs" dxfId="5" priority="9" stopIfTrue="1" operator="greaterThanOrEqual">
    <formula>4</formula>
  </cfRule>
  <cfRule type="cellIs" dxfId="4" priority="9" stopIfTrue="1" operator="between">
    <formula>2</formula>                    I
    <formula>4</formula>
  </cfRule>
  <cfRule type="cellIs" dxfId="3" priority="9" stopIfTrue="1" operator="lessThanOrEqual">
    <formula>0</formula>
  </cfRule>
</conditionalFormatting>
<conditionalFormatting sqref="D12:O13">
  <cfRule type="cellIs" dxfId="2" priority="10" stopIfTrue="1" operator="equal">
    <formula>0</formula>
```

Ich weiß zwar nicht, wann das Problem entstanden ist (USA – Deutschland) oder Excel 2007 – 2010, … aber immerhin – Problemursache gefunden und Problem gelöst.

4.6 Blattschutz und Arbeitsmappenschutz

Wird in einer Excelarbeitsmappe ein Blatt oder die Arbeitsmappe geschützt, kann man den Kennwortschutz nicht aufheben?

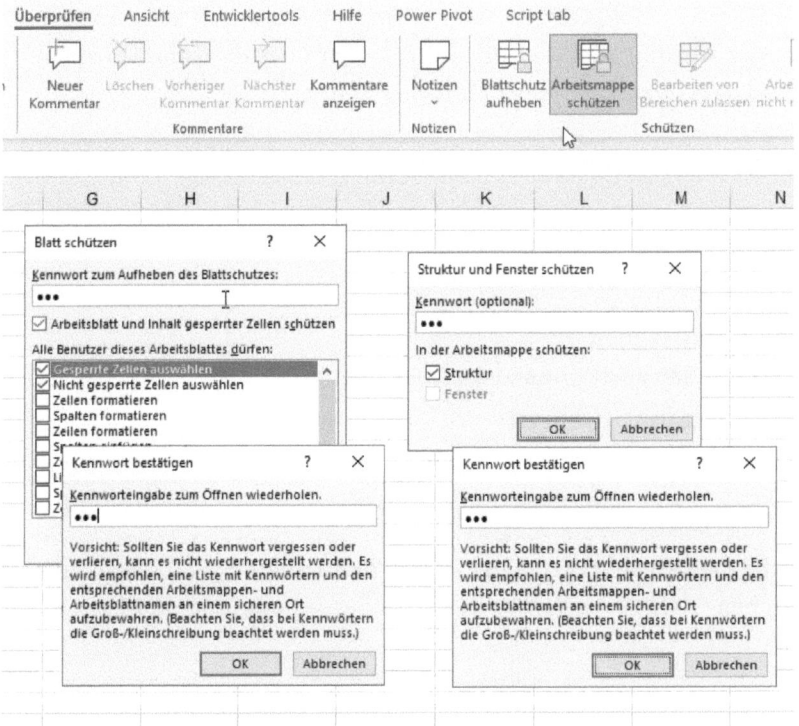

Doch: die Lösung heißt: Datei entzippen und nachschauen.

Dort findet sich in der Datei *workbook.xml* das Element

```
<workbookProtection workbookAlgorithmName=
"SHA-512" workbookHashValue="JPUC4TpOJj62Y0b44kHKNa81M2GrBcsfs-
Mze8gYeD2h2mxBYw1ap5Bi0HgqMyljcStLI6abd9DdcppU/GdsPVw==
"workbookSaltValue="eReqBNUZEhkDtLxhUL8O9Q==
"workbookSpinCount="100000" lockStructure="1"/>
```

Man kann den Wert des Attribut *lockStructure* auf 0 setzen oder das ganze Element löschen. Ebenso in der Datei *sheets1.xml* (oder ähnlicher Name):

```
    </sheetData>
    <sheetProtection algorithmName="SHA-512" hashValue="koSdL0TImLmpIDK/xE/
    LsOl9AEfJTXEtUiU9TInHcFlUeo5fWQDt6dOLOzolFnWELJd7/aA98/LGMCqKpssuIw==" saltValue="n/WIkRXbYh/UL/U/Qlz8cw=="
    spinCount="100000" sheet="0" objects="0" scenarios="0"/>
    <pageMargins left="0.7" right="0.7" top="0.78740157499999996" bottom="0.78740157499999996" header="0.3"
    footer="0.3"/>
</worksheet>
```

Dort befindet sich das Element

```
<sheetProtection algorithmName="SHA-512"
hashValue="jUNFnIx7vGAfz3dkQD649VON1XElrHwUh4k1iUF9QE3gr10gd
D1Y1WK4rcQT7snqKDiXSJoNBljqJyPJlQlYHg==
"saltValue="kxFBaAF2TUSciTR17+jqgA==
"spinCount="100000" sheet="1" objects="1" scenarios="1"/>
```

Auch hier kann man die drei Attributwerte *sheet*, *objects* und *scenarios* auf 0 setzen oder das ganze Element löschen

4.7 Bilder nicht komprimieren

Ein Bild. Ein sehr großes und scharfes Bild. Eine Architekturzeichnung:

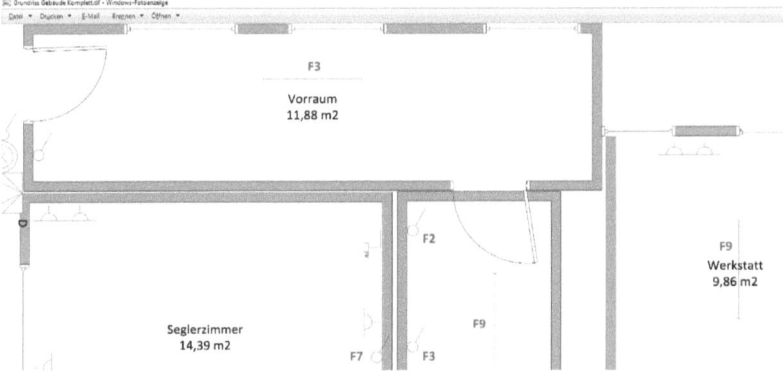

Ich füge es in eine Excel-Arbeitsmappe, speichere sie, öffne sie und sehe:

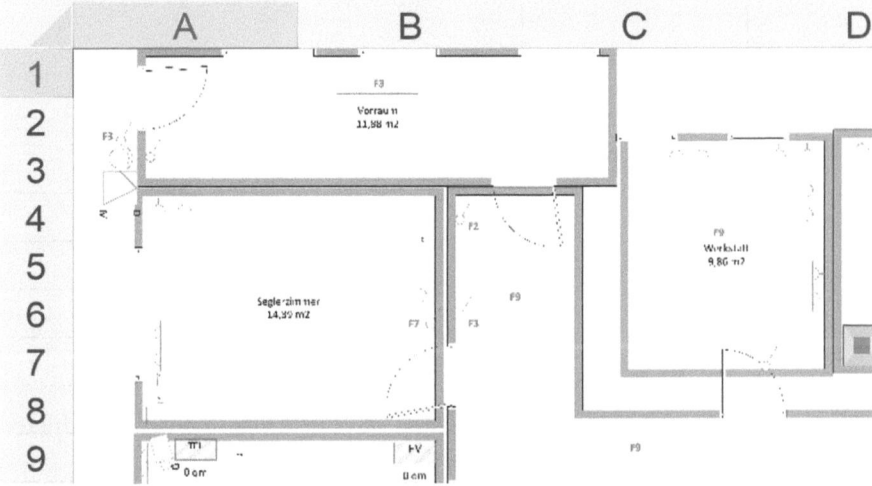

Unscharf!

Okay – Excel stellt die Option „Bilder in Datei nicht komprimieren" zur Verfügung. Hätte ich auswählen sollen:

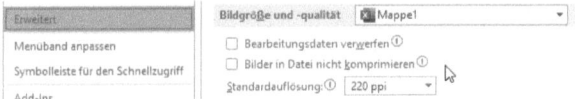

45

Allerdings: in Visio? Was mache ich in Visio, wo eigentlich Bilder hingehören und herkommen? Dort suche eine solche Einstellung vergebens. Dort wird ab einer bestimmten Dateigröße komprimiert:

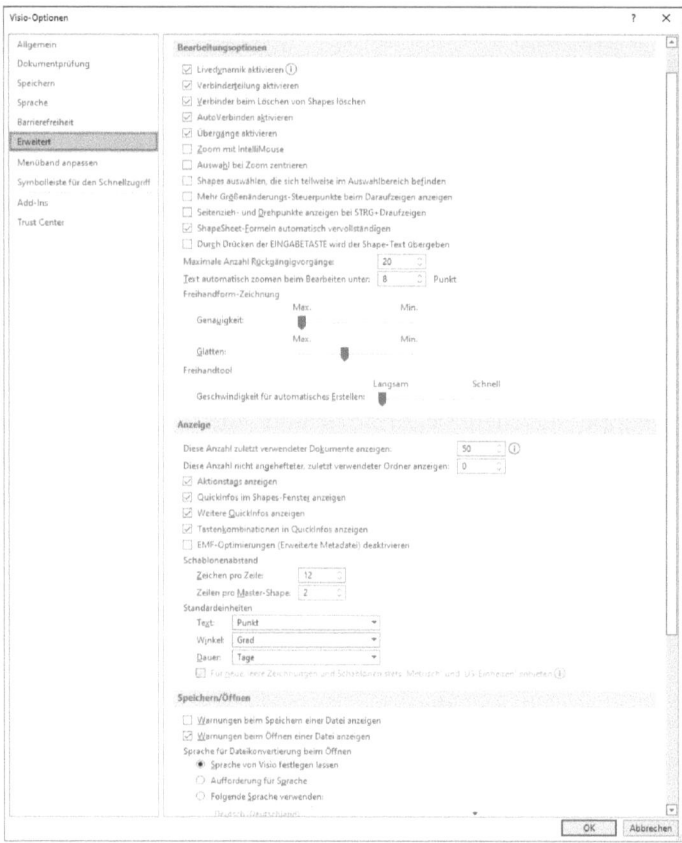

Okay – zugegeben – dort kann man die VDSX-Datei als ZIP umbenennen, extrahieren und dann im Ordner *media* das verkleinerte Bild durch das Original ersetzen:

image1.tiff

Danke an Tanja Kuhn für den Hinweis!

5

5 Nicht allein das ABC … Groß- und Kleinschreibung in Excel

Excelstammtisch vom 13.07.2021

5.1 Excel

In meinen Excel-Anfängerschulungen hört man von mir den Merksatz: „Excel unterscheidet nicht zwischen Groß- und Kleinschreibung". Damit meine ich:

- Excel unterscheidet nicht zwischen dem Zellnamen R2 und r2
- Excel unterscheidet nicht zwischen =HEUTE() und =heute()
- Excel unterscheidet nicht zwischen =BWM!Z4 und =bmw!z4
- =WENN(A1="MÜNCHEN";"Fleischplanzerl";"Bulette, Frikadelle oder Köfte")
  liefert das gleiche Ergebnis wie
  =WENN(A1="münchen";"Fleischplanzerl";"Bulette, Frikadelle oder Köfte")
- Analog weitere Funktionen wie ZÄHLENWENN, SUMMEWENN, …
- Einige Funktionen verlangen Parameter als Texte. Auch spielt die Groß- und Kleinschreibung keine Rolle:
  =ZELLE("dateiname")
  =ZELLE("DATEINAME")
  =ZELLE("filename")
  =ZELLE("FILENAME")
- Bei Namen wird nicht zwischen Groß- und Kleinschreibung unterschieden.

- Wenn man den Namen einer Schriftart in Großbuchstaben eingibt, wird sie erkannt.
- Das Autoausfüllen, also das Herunterziehen von Wörtern, beispielsweise Mai oder MAI ist nicht case sensitiv.
- Die Blitzvorschau reagiert nicht auf unterschiedliche Groß- und Kleinbuchstaben.
- Man kann in Kopf und Fußzeile statt
- &[Seite], &[Seiten], &[Datum], &[Zeit], &[Pfad], &[Datei], &[Datei], &[Register] auch eintragen:
  &[seite], &[seiten], &[datum], &[zeit], &[pfad], &[datei], &[datei], &[register]
- Namen von intelligenten Tabellen und deren Bezüge

In Excel-Aufbaukursen werde ich etwas differenzierter: Excel unterscheidet an **fast** keiner Stelle zwischen Groß- und Kleinschreibung

5.2 Benutzerdefinierte Formatierung

Fortgeschrittene Anwenderinnen und Anwender wissen, dass ich damit beispielsweise meine: bei den benutzerdefinierten Zahlenformaten ist „M" das Zeichen für Monat, während „m" Minuten repräsentiert.

5.3 SUCHEN und FINDEN

Die beiden Funktionen SUCHEN und FINDEN unterscheiden Groß- und Kleinbuchstaben oder auch nicht. Also:

=SUCHEN("R"; "Rene Martin")

=SUCHEN("r"; "Rene Martin ")

=FINDEN("R"; "Rene Martin ")

liefern die Zahl 1; dagegen:

=FINDEN("r"; "Rene Martin")

Die Zahl 8.

5.4 SVERWEIS, VERGLEICH, XVERWEIS und XVERGLEICH

Übrigens kann man eine Liste mit Texten, die alphabetisch sortiert ist, auch nach Texten suchen: Dortmund wird dann zwischen Chemnitz und Dresden gefunden. Bei SVER-WEIS mit dem Parameter WAHR bei Bereich_Verweis, bei VERGLEICH mit 1 bei Vergleichstyp und bei XVERWEIS und XVERGLEICH mit 1 oder -1 beim Vergleichsmodus.

5.5 ZÄHLENWENN & co

Und so kann man mit

```
=ZÄHLENWENNS(I6:I11;">B";I6:I11;"<C")
```

Alle Orte ermitteln, die mit B (oder b) beginnen. Analog zu

```
=ZÄHLENWENN(I6:I11;"B*")
```

5.6 = und IDENTISCH

Übrigens: will man Groß- und Kleinschreibung berücksichtigen, darf man nicht den Vergleichsoperator = verwenden, sondern die Funktion IDENTISCH. Sie unterscheidet zwischen Groß- und Kleinschreibung.

5.7 Datenüberprüfung

Erstellt man eine Datenüberprüfung mit einer Liste, beispielsweise

```
ja;nein
```

kann man nicht den Text JA eintragen. Anders jedoch, wenn die Liste sich in anderen Zellen liegt – dann wird nicht zwischen Groß- und Kleinschreibung unterschieden.

5.8 Suchen

Hier kann man die Groß und Kleinschreibung aktivieren – dann wird kein „ei" in „Eierpfannkuchen" gefunden.

5.9 Sortieren

Beim Sortieren gibt es die Option „Groß- und Kleinschreibung beachten". Das heißt: als Standard bleiben zwei gleich geschriebene Wörter, die sich durch Groß- und Kleinschreibung unterscheiden, in der Reihenfolge stehen, wie sie vorher waren. Wird die Option Groß- und Kleinschreibung aktiviert, wird sortiert: arm < arm < arm < Arm < Arm < Arm …

Nicht betroffen davon sind unterschiedliche Begriffe: Bugatti, Bentley und BMW werden IMMER sortiert:

Bentley < BMW < Bugatti.

Hinweis
Erstaunlicherweise wird auch der Accent übergangen, beispielsweise bei Städtenamen wie

Ábalos

Ágreda

Águilas

Álora

Árchez

Ávila

Hinweis
Diese Option steht nicht beim Sortieren in Pivottabellen zur Verfügung.

5.10 Filtern

Beim Filtern dagegen kann man Groß- und Kleinschreibung nicht aktivieren. Was tut man jedoch, wenn man dies möchte?

Man kann den ASCII-Code eines Zeichens mit Hilfe der Funktion CODE ermitteln. Und danach sortieren.

 Hinweis
Während beim Filtern Ávila zwischen Aranjuez und Barcelona einsortiert wird, wird der Ort Ávila in PowerQuery nach Zaragoza aufgelistet.

5.11 Pivottabellen

Pivottabellen gruppieren Texte unabhängig von Groß- und Kleinschreibung.

5.12 Das Assistent Text in Spalten

Erstaunlicherweise unterscheidet der Assistent *Daten / Text in Spalten* beim Trennen nach Groß- und Kleinschreibung.

5.13 Kennwörter?

Selbstverständlich wird bei **allen** Kennwörtern zwischen Groß- und Kleinschreibung unterschieden.

5.14 VBA

Auch in VBA – ebenso wie in Excel – wird nicht zwischen Groß- und Kleinschreibung unterschieden. Das hat den angenehmen Effekt, dass man alle VBA-Befehle klein schreiben kann – bei korrekter Schreibweise werden sie konvertiert. Also: die Zeile

```
dim strGeschlecht as string
```

wird konvertiert zu:

```
Dim strGeschlecht As String
```

Auch der Aufruf des Makros GeschlechterFrage kann mit dem Befehl

```
Call GESCHLECHTERFRAGE
```

erfolgen – der Name der Prozedur wird umgewandelt:

```
Call GeschlechterFrage
```

Auch beim Zugriff auf eine Datei spielt dies keine Rolle:

```
Application.Workbooks.Open _
    "c:\eigene dateien\meine dateien\myexcel\meine mappe.XLSX"
```

Die Datei wird anstandslos geöffnet.

Allerdings beim Vergleich zweier Zeichenketten:

```
    strGeschlecht = InputBox("Bitte Geschlecht eingeben!")

    Select Case strGeschlecht

        Case "m", "w", "d"

            MsgBox "danke"

        Case Else

            MsgBox "das ist kein korrektes Geschlecht, du Hirni"

    End Select
```

Wird die Eingabe „M" nicht akzeptiert.

- Lösung 1:
  ```
  Case "m", "w", "d", "M", "W", "D"
  ```
- Lösung 2:
  ```
      Select Case LCase(strGeschlecht)
          Case "m", "w", "d"
  ```
- Lösung 3:
  Der Befehl
  ```
  Option Compare Text
  ```
  zu Beginn des Moduls schaltet Groß- und Kleinschreibung im Modul aus.

Hinweis

Leider gibt es keine Einstellung, über welche VBA Groß- und Kleinschreibung immer ausschaltet.

Hinweis

Auch beim Vergleichsoperator LIKE wird zwischen Groß- und Kleinschreibung unterschieden...

5.15 PowerQuery

Der umgekehrte Weg beschreitet PowerQuery. Dort wird konsequent **immer** zwischen Groß- und Kleinschreibung unterschieden. Bei **allem**:

- Spaltennamen
- Integrierten Funktionen und Befehlen
- Selbstgeschriebenen Funktionen
- Namen der Schritte
- Dateinamen und Endungen

Das bedeutet: greift man auf einen Ordner mit Dateien zu und filtert nach der Endung, sollte man sicherstellen, dass die Schreibweise einheitlich ist. Hierfür kann man die Zeichen in Kleinbuchstaben (oder Großbuchstaben) konvertieren.

Und beim Sortieren? Hier wird streng nach Groß- und Kleinschreibung getrennt. Das bedeutet, dass die USA < Ungarn. Will man dies verhindern, müsste man USA in Kleinbuchstaben schreiben oder mit dem Befehl

```
= Table.Sort(#"Removed Other Columns1",
{{each Text.Upper([Land]), Order.Ascending}})
```

sortieren.

Übrigens enthalten sehr viele PowerQuery-Funktionen einen Parameter, mit dessen Hilfe Groß- und Kleinschreibung ausgeschaltet werden kann.

6 Das Nichts in Excel

Excelstammtisch vom 09.11.2021

6.1 Wann ist eine leere Zelle leer?

Was eine leere Zelle ist, ist auf den ersten Blick klar. Sicher? Auch ist die Behandlung von leeren Zellen nicht trivial. Es kann an einigen Stellen zu Problemen führen. Excel kennt die Datentypen Text, Zahl, boolescher Wert, Formel und Fehler. In diesem Sinne ist auch eine leere Zelle ein eigener Datentyp. Auch wenn an einigen, wenigen Stellen die Grenzen nicht ganz klar definiert sind oder Zahlen automatisch in Texte konvertiert werden, wird dennoch meistens scharf zwischen beiden unterschieden.

6.2 ISTxy

Die Funktionen ISTTEXT, ISTZAHL, ISTLOG, ISTFORMEL, ISTFEHLER und IST-LEER überprüfen den Status der Zelle.

Dabei ist 0 eine Zahl, Datum ist eine Zahl,

="" "

ist ein Text und eine Formel.

Hinweis
Kopiert man den Inhalt und fügt ihn als Wert ein, liefert ISTTEXT wahr, aber ISTLEER ergibt falsch!

Sind formatierte Zellen leer?

	A	B	C	D	E	F	G
1		Text	Zahl	boolescher Wert	Leer	Formel	Fehler
2	Excelstammtisch	WAHR	FALSCH	FALSCH	FALSCH	FALSCH	FALSCH
3		WAHR	FALSCH	FALSCH	FALSCH	FALSCH	FALSCH

`=NV()`

ist ein Fehler und eine Formel

`=FALSCH()`

Ist ein boolescher Wert und eine Formel.

Lediglich eine leere Zelle ist eine leere Zelle.

E10 f_x =ISTLEER(A10)

	A	B	C	D	E	F	G
1		Text	Zahl	boolescher Wert	Leer	Formel	Fehler
2	Excelstammtisch	WAHR	FALSCH	FALSCH	FALSCH	FALSCH	FALSCH
3		WAHR	FALSCH	FALSCH	FALSCH	WAHR	FALSCH
4	1	FALSCH	WAHR	FALSCH	FALSCH	FALSCH	FALSCH
5	08.11.2021	FALSCH	WAHR	FALSCH	FALSCH	FALSCH	FALSCH
6	WAHR	FALSCH	FALSCH	WAHR	FALSCH	FALSCH	FALSCH
7	FALSCH	FALSCH	FALSCH	WAHR	FALSCH	WAHR	FALSCH
8	1	FALSCH	WAHR	FALSCH	FALSCH	WAHR	FALSCH
9	1	FALSCH	WAHR	FALSCH	FALSCH	WAHR	FALSCH
10		FALSCH	FALSCH	FALSCH	WAHR	FALSCH	FALSCH
11	#NV	FALSCH	FALSCH	FALSCH	FALSCH	WAHR	WAHR
12	#NULL!	FALSCH	FALSCH	FALSCH	FALSCH	FALSCH	WAHR

Zwar kann man überprüfen, ob eine Zelle leer ist, aber keine Formel kann eine leere Zelle zurückgeben. Lediglich die Taste [entf] oder *Löschen / Inhalte löschen* oder *Löschen /alles löschen* leeren eine Zelle.

Hinweis
Übrigens: die Funktion TYP interpretiert die leere Zelle als Zahl!

6.3 Sind formatierte Zellen leer?

Ein Versuch zeigt: wird eine Zelle formatiert – beispielsweise mit einem Zahlenformat oder einem Zellformat, „erkennt" Excel diese Zelle und bezieht sie in den *UsedRange* ein. Das kann man leicht mit [Strg] + [Ende] zeigen.

Hinweis

Mit der Funktion =ZELLE("format";A1) wird das Zahlenformat ermittelt, leider nicht das Zellformat ...

Der Assistent „Inhalte auswählen" „findet" leere Zellen:

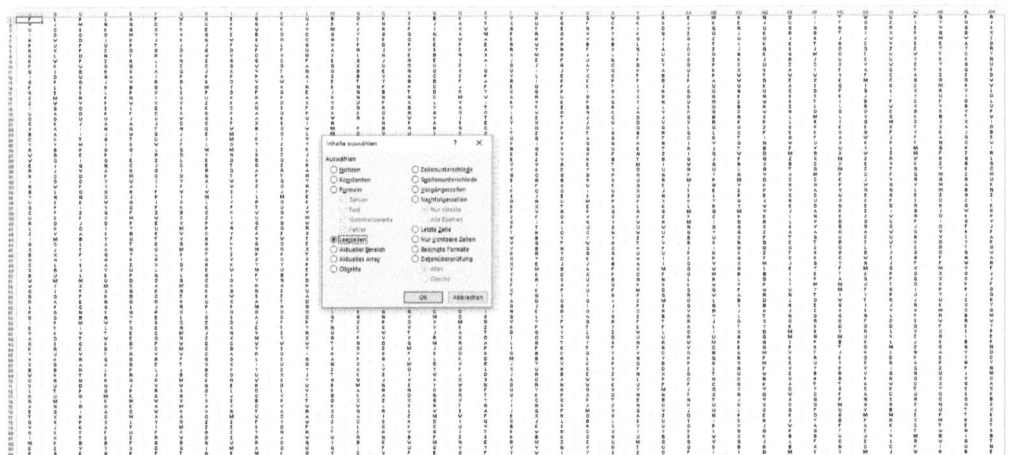

Auch die bedingte Formatierung mit der Funktion ISTLEER kann hierbei nützlich sein.

Das Selektieren von leeren Zellen über den Assistenten *Start / Suchen und Auswählen / Inhalte auswählen / Leerzellen verwenden*. Beispielsweise, um eine Liste zu füllen.

Sind formatierte Zellen leer?

Rang	Name	Bundesland	Einwohner	Fläche	Ew./km²	(201 Änd. [%]	(Vo Großstadt er
6	Stuttgart	Baden-Würt	623.738	207,35	3.008	1,84	1874
21	Karlsruhe	=C2	307.755	173,46	1.774	2,57	1901
22	Mannheim		305.780	144,96	2.109	1,98	1897
33	Freiburg im Breisgau		226.393	153,06	1.479	1,89	1934
51	Heidelberg		156.267	108,83	1.436	1	1946
3	München	Bayern	1.450.381	310,7	4.668	1,45	1852
14	Nürnberg		509.975	186,38	2.736	1,78	1881
23	Augsburg		286.374	146,84	1.950	1,87	1909
1	Berlin	Berlin	3.520.031	891,68	3.948	1,45	1747
45	Potsdam	Brandenburg	167.745	188,25	891	2,26	1939
11	Bremen	Bremen	557.464	325,56	1.712	1,03	1875
2	Hamburg	Hamburg	1.787.408	755,3	2.366	1,4	1787
5	Frankfurt am Main	Hessen	732.688	248,31	2.951	2,1	1875
24	Wiesbaden		276.218	203,92	1.355	0,4	1905
40	Kassel		197.984	106,78	1.854	1,66	1899
39	Rostock	Mecklenburg	206.011	181,26	1.137	0,9	1935
13	Hannover	Niedersachs	532.163	204,15	2.607	1,63	1875
27	Braunschweig		251.364	192,17	1.308	1,15	1890
47	Oldenburg (Oldb)		163.830	102,99	1.591	1,82	1946
49	Osnabrück		162.403	119,79	1.356	3,51	1939
4	Köln	Nordrhein	1.060.582	405,02	2.619	1,33	1852
7	Düsseldorf		612.178	217,41	2.816	1,27	1882
8	Dortmund		586.181	280,71	2.088	0,98	1894
9	Essen		582.624	210,34	2.770	1,54	1896
15	Duisburg		491.231	232,8	2.110	1,19	1903
16	Bochum		364.742	145,66	2.504	0,79	1904
17	Wuppertal		350.046	168,39	2.075	1,34	1884
18	Bielefeld		333.090	258,82	1.287	1	1930
19	Bonn		318.809	141,06	2.260	1,55	1934
20	Münster		310.039	303,28	1.022	2,6	1915
25	Gelsenkirchen		260.368	104,94	2.481	1,05	1903
26	Mönchengladbach		259.996	170,47	1.525	1,22	1921
30	Aachen		245.885	160,85	1.529	1,05	1888
34	Krefeld		225.144	137,78	1.634	1,19	1888
36	Oberhausen		210.934	77,1	2.736	0,78	1914
41	Hagen		189.044	160,45	1.178	1,25	1928
42	Hamm		179.397	226,43	792	1,6	1975
44	Mülheim an der Ruhr		169.278	91,28	1.854	1,3	1908
48	Leverkusen		163.487	78,87	2.073	1,21	1963

C3 · fx =C2

Rang	Name	Bundesland	Einwohner	Fläche	Ew./km²	(201 Änd. [%]	(Vo Großstadt er:
6	Stuttgart	Baden-Würt	623.738	207,35	3.008	1,84	1874
21	Karlsruhe	Baden-Würt	307.755	173,46	1.774	2,57	1901
22	Mannheim	Baden-Würt	305.780	144,96	2.109	1,98	1897
33	Freiburg im Breisgau	Baden-Würt	226.393	153,06	1.479	1,89	1934
51	Heidelberg	Baden-Würt	156.267	108,83	1.436	1	1946
3	München	Bayern	1.450.381	310,7	4.668	1,45	1852
14	Nürnberg	Bayern	509.975	186,38	2.736	1,78	1881
23	Augsburg	Bayern	286.374	146,84	1.950	1,87	1909
1	Berlin	Berlin	3.520.031	891,68	3.948	1,45	1747
45	Potsdam	Brandenburg	167.745	188,25	891	2,26	1939
11	Bremen	Bremen	557.464	325,56	1.712	1,03	1875
2	Hamburg	Hamburg	1.787.408	755,3	2.366	1,4	1787
5	Frankfurt am Main	Hessen	732.688	248,31	2.951	2,1	1875
24	Wiesbaden	Hessen	276.218	203,92	1.355	0,4	1905
40	Kassel	Hessen	197.984	106,78	1.854	1,66	1899
39	Rostock	Mecklenburg	206.011	181,26	1.137	0,9	1935
13	Hannover	Niedersachs	532.163	204,15	2.607	1,63	1875
27	Braunschweig	Niedersachs	251.364	192,17	1.308	1,15	1890
47	Oldenburg (Oldb)	Niedersachs	163.830	102,99	1.591	1,82	1946
49	Osnabrück	Niedersachs	162.403	119,79	1.356	3,51	1939
4	Köln	Nordrhein	1.060.582	405,02	2.619	1,33	1852
7	Düsseldorf	Nordrhein	612.178	217,41	2.816	1,27	1882
8	Dortmund	Nordrhein	586.181	280,71	2.088	0,98	1894
9	Essen	Nordrhein	582.624	210,34	2.770	1,54	1896
15	Duisburg	Nordrhein	491.231	232,8	2.110	1,19	1903
16	Bochum	Nordrhein	364.742	145,66	2.504	0,79	1904
17	Wuppertal	Nordrhein	350.046	168,39	2.075	1,34	1884
18	Bielefeld	Nordrhein	333.090	258,82	1.287	1	1930
19	Bonn	Nordrhein	318.809	141,06	2.260	1,55	1934
20	Münster	Nordrhein	310.039	303,28	1.022	2,6	1915
25	Gelsenkirchen	Nordrhein	260.368	104,94	2.481	1,05	1903
26	Mönchengladbach	Nordrhein	259.996	170,47	1.525	1,22	1921
30	Aachen	Nordrhein	245.885	160,85	1.529	1,05	1888
34	Krefeld	Nordrhein	225.144	137,78	1.634	1,19	1888
36	Oberhausen	Nordrhein	210.934	77,1	2.736	0,78	1914
41	Hagen	Nordrhein	189.044	160,45	1.178	1,25	1928
42	Hamm	Nordrhein	179.397	226,43	792	1,6	1975
44	Mülheim an der Ruhr	Nordrhein	169.278	91,28	1.854	1,3	1908
48	Leverkusen	Nordrhein	163.487	78,87	2.073	1,21	1963
50	Solingen	Nordrhein	158.726	89,54	1.773	1,25	1929
38	Mainz	Rheinland	209.779	97,74	2.146	1,35	1908

Natürlich kann man Zellinhalte „wegformatieren" (beispielsweise mit ;;;) – aber dann ist die Zelle nicht leer:

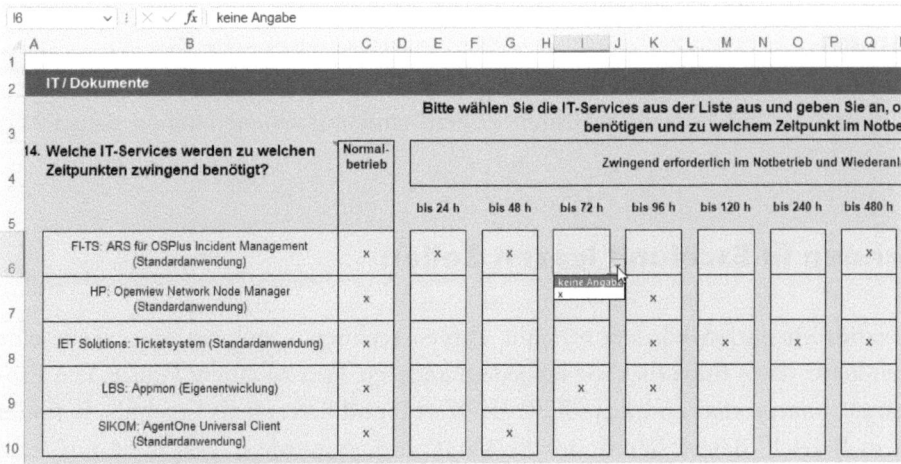

6.4 „Doppelte leere Zellen"

Interessanterweise überprüft Excel auf Duplikate (oder eindeutig vorkommende Werte) nur gefüllte Zellen.

Auch der Assistent „Duplikate entfernen" reagiert so. Auch ZÄHLENWENN übergeht leere Zellen.

6.5 Namen

Eine leere Zelle oder ein Bereich an leeren Zellen kann mit einem Namen gespeichert werden.

6.6 Rechnen in Excel mit leeren Zellen

Die vier Grundrechenarten können nur mit Zahlen rechnen – steht in einer Zelle eine leere Zeichenkette, dann führt dies wie bei jedem anderen Text zu einem Fehler. Das Produktzeichen „*" interpretiert eine leere Zelle als Wert 0 und liefert 0 als Ergebnis. Befindet sich in einem Bereich, dessen Werte mit SUMME addiert werden, Text oder eine leere Zeichenkette, dann wird die Zelle übergangen, und die Summe liefert – anders als der Operator „+" – keinen Fehler.

Erstaunlicherweise übergeht auch die Funktion PRODUKT Texte, allerdings wird eine leere Zelle nicht wie bei der Multiplikation als 0 interpretiert, sondern gar nicht. Das heißt: Stehen in den ersten drei Zellen die Werte 1;2 und 3, dann liefert

```
=PRODUKT(A1:A3)
```

den Wert 6. Wird der Inhalt von A1 gelöscht, so bleibt das Ergebnis unverändert. Wird Text eingegeben, so lautet das Produkt noch immer 6. Erst wenn die Zahl 0 eingefügt wird, dann berechnet die Funktion PRODUKT den Wert 0.

Analog verhalten sich auch die Funktionen MITTELWERT und ANZAHL – Texte und leere Zellen werden übergangen. Lediglich ANZAHL2 zählt auch Texte und leere Zeichenketten.

Gerade bei Formularen, die unausgefüllt dem Anwender zur Verfügung gestellt werden, muss genau aufgepasst werden, ob beispielsweise geschrieben werden kann:

```
=WENN(ISTFEHLER(MITTELWERT(A1:A3));"";MITTELWERT(A1:A3))
```

Diese Funktion lässt die Zelle dem Anwender leer erscheinen, liefert aber einen leeren String, der beim Weiterverarbeiten zu Problemen führen kann, wenn mit den Grundrechenarten weiter gerechnet wird.

Übrigens: SVERWEIS, WVERWEIS, VERWEIS und VERGLEICH finden eine leere Zelle nicht in einem Bereich. Anders dagegen XVERGLEICH und XVERWEIS.

FILTER kann leere Zellen über "" oder ISTLEER filtern.

BEREICH.VERSCHIEBEN interpretiert leere Zellen als 0.

Ebenso: die mathematischen Funktionen: ABS, AUFRUNDEN, FAKULTÄT, ARABISCH, die trigonometrischen Funktionen, …

Dagegen übergehen die meisten statistischen Funktionen leere Zellen.

EINDEUTIG interpretiert leere Zellen als 0. MTRANS ebenso.

SORTIEREN ebenso – allerdings wird 0 und leere Zellen am Anfang und am Ende dargestellt.

TYP interpretiert leere Zellen als Zahlen.

ZÄHLENWENN & co können nicht leere Zellen im Zusammenhang

">"&M1

zusammenbauen.

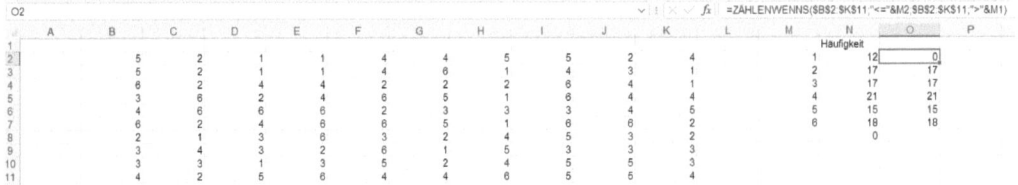

6.7 Schnittmenge, leere Menge

Das Leerzeichen ist das Symbol für Schnittmenge. Ist diese Menge leer, ist #NULL die Fehlermeldung.

6.8 Ohne Überschrift

Hat eine Spalte einer Liste keine Überschrift, geht Excel beim Sortieren davon aus, dass diese Liste keine Überschrift hat:

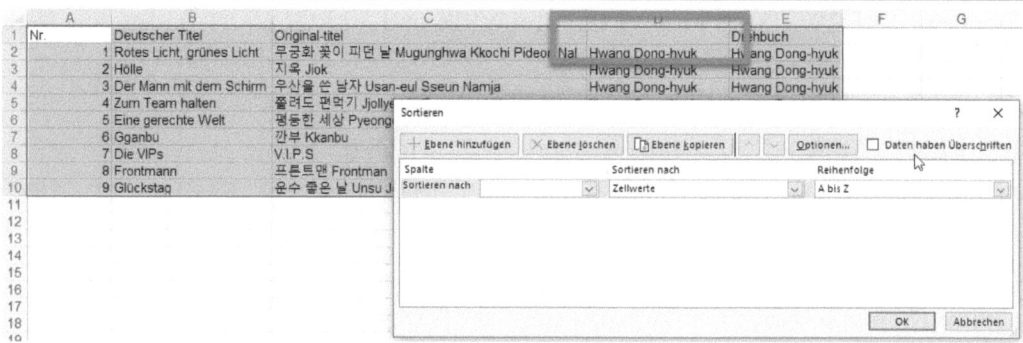

Ebenso beim Erstellen einer intelligenten Tabelle:

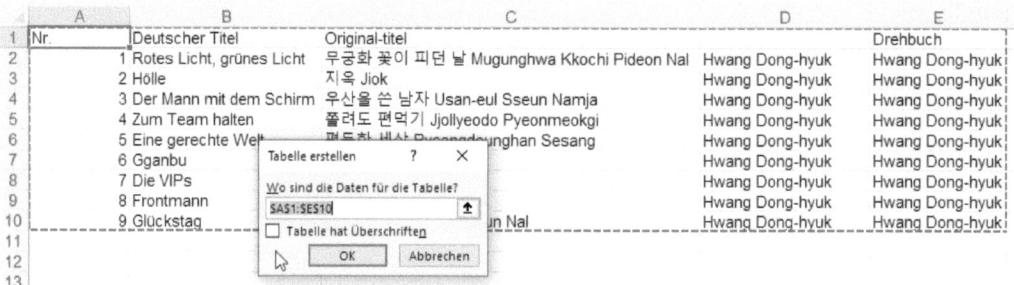

Das Einschalten des Autofilters funktioniert, aber Excel verweigert sich eine Pivottabelle zu erstellen:

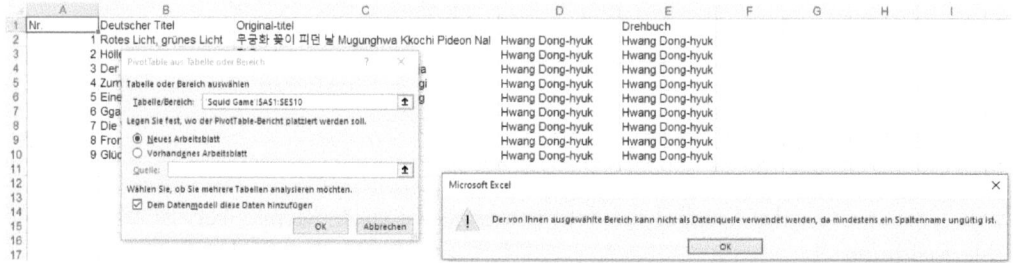

6.9 Sortieren

Beim Sortieren stehen leere Zellen immer am Ende des sortierten Bereichs, leere Zeichenketten werden immer zwischen Zahlen und Texte einsortiert. Excel verwendet intern nicht das festgelegte Gebietsschema, sondern die binäre Sortierreihenfolge (a=A=ä=Ä<b=B<…) – es gibt keine Option dies in Excel zu deaktivieren.

6.10 AutoFilter

Ein wenig versteckt bietet der Autofilter am unteren Ende der Auswahlleiste die Möglichkeit leere Zellen aus Datensätzen zu filtern. Dabei wird eine leere Zeichenkette als leer identifiziert.

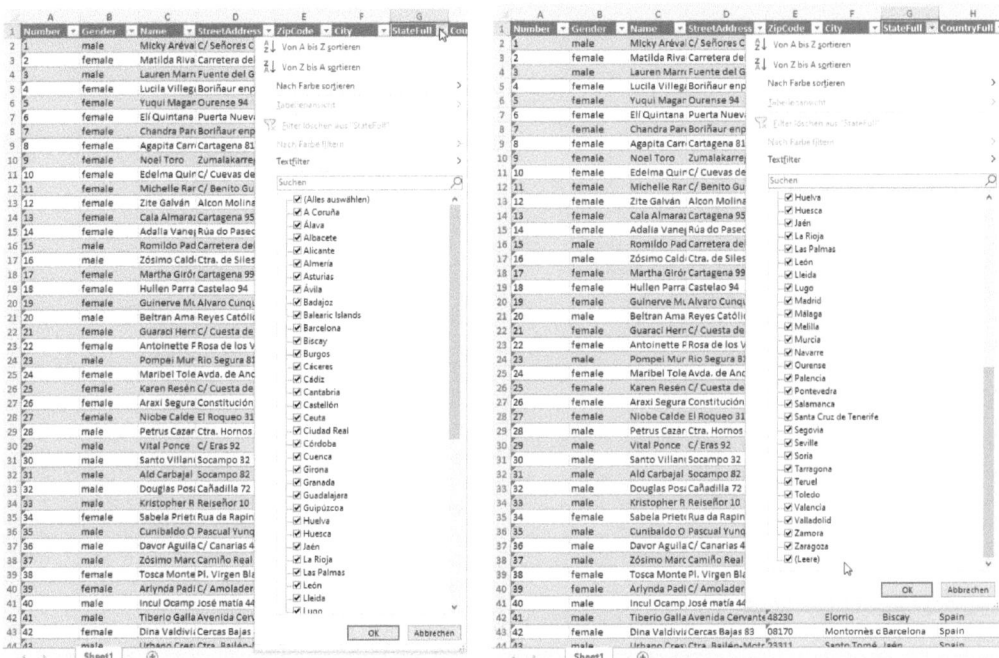

6.11 Spezialfilter

Im Spezialfilter ist die Option, leere und nichtleere Zellen zu filtern, etwas mühsamer zu aktivieren. Man kommt mit den beiden Kriterien >=A, beziehungsweise <A oder analog =*, beziehungsweise = zu diesem Ergebnis.

Hinweis

Kriterien, die mit einem Gleichheitszeichen beginnen, zuvor in einen Text umgewandelt werden müssen, da Excel dieses sonst als Rechenoperation interpretiert und einen Fehler liefert.

6.12 Pivot-Tabelle

In Pivot-Tabellen werden leere Zellen und Texte der Datenquelle übergangen – die Funktionen SUMME, MAXIMUM, MITTELWERT, … liefern keinen Fehler. ANZAHL zählt alle gefüllten Zellen, also auch leere Zeichenketten.

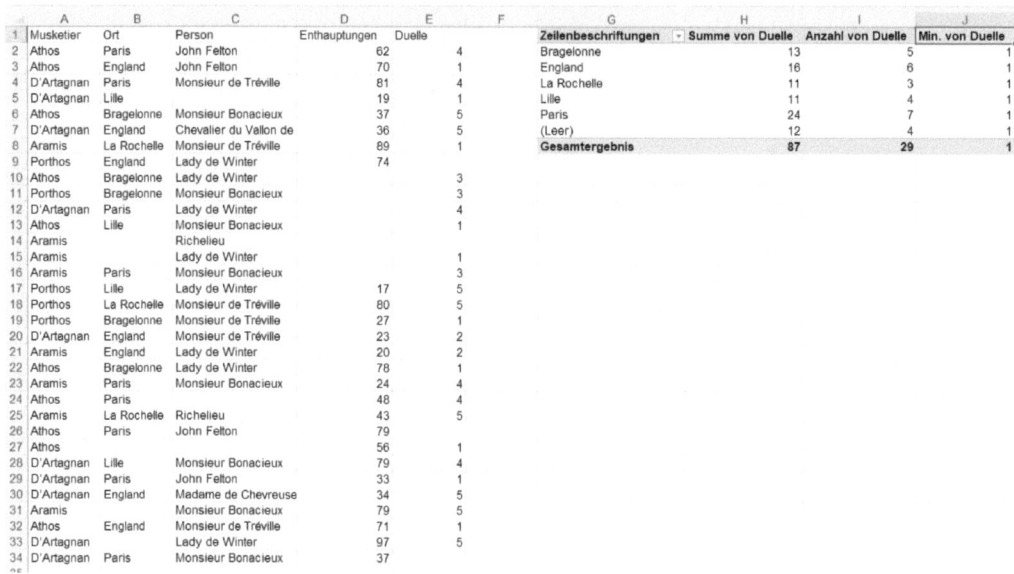

Analog arbeitet die Funktion TEILERGEBNIS, die der Assistent *Daten / Teilergebnisse* verwendet: SUMME, MAXIMUM und MITTELWERT übergehen leere Zellen und Texte, Anzahl (TEILERGEBNIS(3;A1:A3)) zählt leere Zeichenketten mit.

6.13 Suchen und Ersetzen

Hier stellen leere Zellen kein Problem dar: man kann leere Zellen suchen (und durch einen Wert ersetzen) lassen oder Werte „leeren", indem man sie durch „nichts" ersetzen lässt:

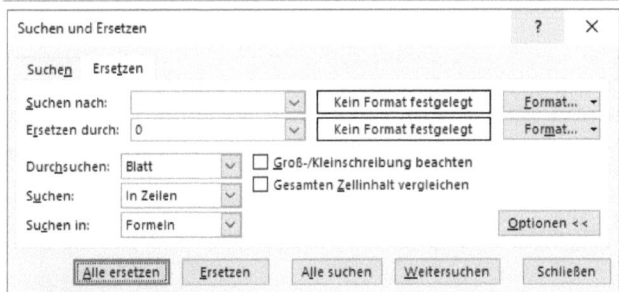

Hinweis

Ersetzt man in einem Zahlenbereich die Zahl 0 durch nichts, wird auch bei den Zahlen, die die Ziffer 0 enthalten, also beispielsweise bei 70 oder 100 die 0 gelöscht. Die Lösung: Man muss hier die Option „Gesamten Zellinhalt vergleichen" aktivieren!

6.14 Diagramme

Wie leere Zellen behandelt werden, kann man in den Optionen der Diagramme festlegen.

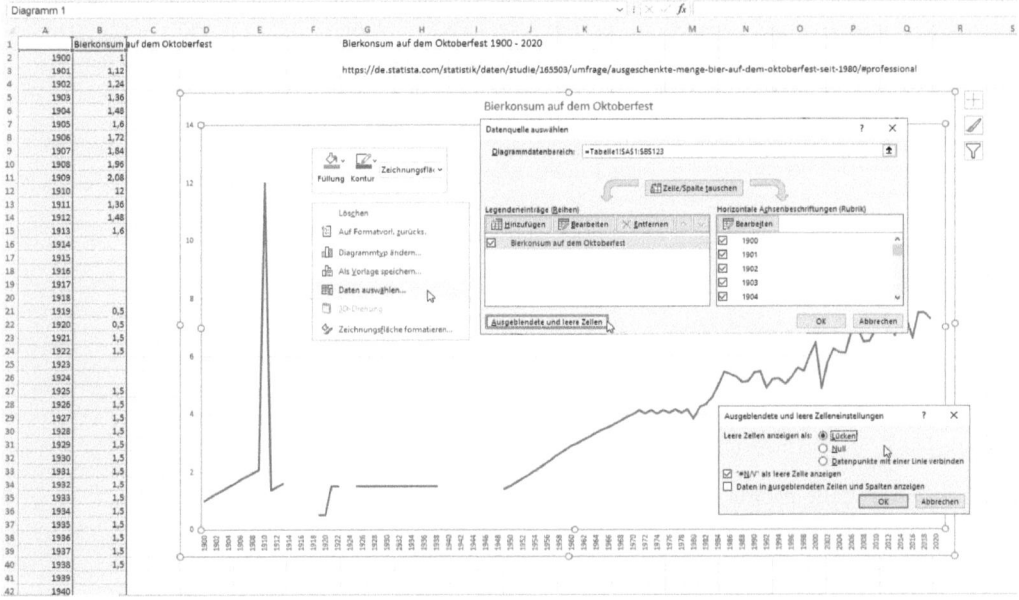

6.15 VBA

Um den Inhalt einer Zelle auszulesen, können *Value* (oder *Value2*) verwendet werden oder Text, wenn die formatierte Anzeige ermittelt werden soll. Die Eigenschaft Text besitzt nur Leserechte, keine Schreibrechte.

Der Inhalt einer Zelle wird gelöscht mit einer der beiden Eigenschaften:

```
ActiveCell.Value = ""
```

```
ActiveCell.Value = Empty
```

oder mit der Methode:

```
ActiveCell.Clear
```

Die drei Varianten sind synonym – durch die Eigenschaft *Value* wird kein Text oder Textformat in die Zelle geschrieben.

Ein Bereich kann auf verschiedene Arten gelöscht werden:

```
Range("A1:C5").Value = ""
```

```
Range("A1", "C5").Value = ""
```

```
Range(Cells(1, 1), Cells(5, 3)).Value = ""
```

```
Range("A1").Range("A1:C5").Value = ""
```

```
Range("A1:C5").Value = Empty
```

...

oder:

```
Range("A1:C5").Clear
```

```
Range("A1", "C5").Clear
```

```
Range(Cells(1, 1), Cells(5, 3)).Clear
```

```
Range("A1").Range("A1:C5").Clear
```

Steht in einer Zelle nichts, dann liefern

```
ActiveCell.Value = 0
```

```
ActiveCell.Value = ""
```

```
IsEmpty(ActiveCell)
```

den Wert TRUE

Befindet sich eine leere Zeichenkette in der Zelle, dann ergibt lediglich

```
ActiveCell.Value = ""
```

TRUE. Die anderen beiden Ausdrücke ergeben FALSE. Analog liefert nur 0 den booleschen Wert True, wenn die Zelle mit 0 verglichen wird.

6.16 Zusammenfassung

Excel ist nicht konsistent. Soll beim Rechnen kein Ergebnis angezeigt werden, dann muss man genau überlegen, ob eine leere Zeichenkette („") oder den Wert 0 in die Zelle geschrieben wird, da möglicherweise andere Funktionen oder auch VBA dies nicht als leere Zelle oder als Zelle mit Text interpretiert und somit einen Fehler liefert.

Umgekehrt muss man gut aufpassen, welcher Assistent und welche Funktion eine leere Zelle übergeht, als 0 oder als leeren Text interpretiert.

7 Zahlenformate

Excelstammtisch vom 17.11.2020 und 27.05.2021

7.1 Wert und Format

Man muss sicherlich niemandem, der mit Excel arbeitet, erzählen, dass sich unter oder hinter einer Zelle ein Format befindet. Der Wert der Zelle ist in der Bearbeitungsleiste zu sehen. Das formatierte Ergebnis auf dem Tabellenblatt. Dabei ist es unerheblich, ob die Schriftart, Schriftgröße, Schriftfarbe, Hintergrundfarbe und so weiter, geändert wird oder das Zahlenformat. Der Wert (*Value*) wird durchs Formatieren nicht geändert. Wirklich?

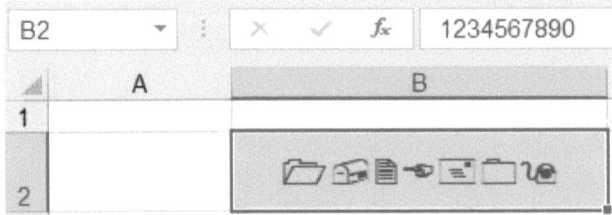

7.2 Die Grenzen der Zahlen

Die Obergrenze bei der Eingabe bei Zahlen liegt bei 15:

- 15 Stellen vor dem Komma
- 15 Stellen nach dem Komma
- 15 Stellen insgesamt

| G5 | ▼ | : | × | ✓ | fx | 01.01.9999 |

◢	A	B	C	D	E	F	G
1					Stunden		Datum
2			12345678901234500000,00		20:30		1-1-1875
3			0,123456789012345000000		200:45:00		01.01.1905
4			1234567890,123450000000		2000:15:00		16.11.2020
5					20000:30		01.01.9999
6					200000:45		
7							

Die Grenzen werden beschrieben auf:

```
https://support.microsoft.com/de-de/office/spezifikationen-
und-beschr%C3%A4nkungen-in-excel-1672b34d-7043-467e-8e27-
269d656771c3
```

Spezifikationen und Beschränkungen für Arbeitsblätter und Arbeitsmappen

Feature	Obergrenze
Geöffnete Arbeitsmappen	Beschränkung durch verfügbaren Arbeitsspeicher und verfügbare Systemressourcen
Gesamtzahl der Zeilen und Spalten in einem Arbeitsblatt	1.048.576 Zeilen und 16.384 Spalten
Spaltenbreite	255 Zeichen
Zeilenhöhe	409 Punkt
Seitenumbrüche	1.026 horizontal und vertikal
Maximale Anzahl von Zeichen in einer Zelle	32.767 Zeichen
Zeichen in einer Kopf- oder Fußzeile	255
Maximale Anzahl von Zeilenvorschüben pro Zelle	253
Arbeitsblätter in einer Arbeitsmappe	Beschränkung durch verfügbaren Arbeitsspeicher (der Standardwert liegt bei 1 Arbeitsblatt)
Farben in einer Arbeitsmappe	16 Millionen Farben (32 Bit mit Vollzugriff auf das 24-Bit-Farbspektrum)
Benannte Ansichten in einer Arbeitsmappe	Beschränkung durch verfügbaren Arbeitsspeicher

Auch Datums- und Uhrzeitangaben haben Obergrenzen!

7.3 Standard und Zahl

Auf den ersten Blick sehen Zahlen, die als Standard oder Zahl ohne Nachkommastellen formatiert sind, gleich aus. Sie erkennen den Unterschied jedoch sehr schnell, wenn die Zahl groß wird: 121212121212121 wird mit dem Zahlenformat „Standard" zu 1,21212E+14, als Zahl wird sie nicht in die wissenschaftliche Schreibweise verwandelt. Ebenso wirkt es sich bei der Eingabe von Dezimalstellen aus. Eine Zahl mit einer festen Anzahl Nachkommastellen bedeutet: diese feste Anzahl Nachkommastellen. Werden Zahlen mit Nachkommastellen eingegeben, werden diese gerundet formatiert und erscheinen nicht in der Zelle. Beide Zahlenformate löschen jedoch führende Nullen.

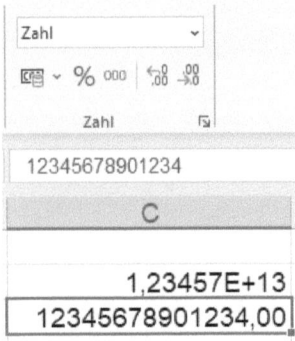

7.4 Währung und Buchhaltung

Stellt diese Zahl einen Geldbetrag dar, so kann man sie mit dem Buchhaltungszahlenformat oder als Währung formatieren.

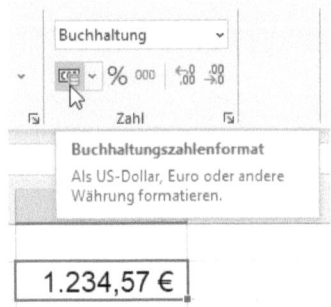

Excel greift auf die Währung zu, die in der Systemsteuerung in Windows unter „Länder-einstellung" festgelegt wurde. Soll die Zahl dagegen eine andere Währung besitzen, so kann diese über den Dialog „Zellen formatieren / Zahlen" formatieren:

Die Liste unterteilt sich in zwei Hälften: In der oberen Hälfte befinden sich die Währungen als Symbol oder Abkürzung, in der unteren befindet sich die ISO-Norm 4217, die festlegt, welche drei Buchstaben für welche Währung steht[*].

Auch wenn sie sehr ähnlich sind, so existieren einige Unterschiede zwischen der Kategorie „Währung" und der Kategorie „Buchhaltung".

Die Unterschiede zwischen „Währung" und „Buchhaltung" sind:

- Bei Buchhaltung bleibt ein kleiner Rand zwischen dem Text „EUR" oder „€" und der Gitternetzlinie, bei Währung nicht; die Währung steht immer am linken oder rechten Rand der Zelle.

- Buchhaltung stellt 0 als - EUR (- €) dar, Währung als 0,00 EUR (0,00 €).

---

[*] Amüsant ist, dass sich auch Bitcoin ist der Liste befindet.

- Schaltet man in den Optionen „in Zellen mit Nullwerten eine Null anzeigen" aus, wird - € bei Buchhaltung dargestellt; eine leere Zelle bei Währung.

- Buchhaltung stellt $ an den linken Rand der Zelle, Währung direkt vor die Zahl.

- Negative Zahlen können im Währungsformat rot dargestellt werden.

- Eine mit dem Zahlenformat „Buchhaltung" formatierte Zahl kann nicht zentriert werden.

- Wird das Ergebnis einer Zelle buchhalterisch unterstrichen (Start | Schriftart), dann wird die Zelle einer Buchhaltungszahl fast ganz unterstrichen, die Zelle einer Währungszahl nur so weit, wie die Zahl lang ist.

- Wird ein kurzer Text als Buchhaltung formatiert, befindet sich eine kleine Lücke zwischen dem linken Rand und dem ersten Buchstaben.

- Wird „langer Text" (Text mit mehr als 253 Buchstaben) als Buchhaltung formatiert, wird er mit ###### dargestellt; bei Währung jedoch nicht.

Währung	Buchhaltung	
1.234,57 €	1.234,57 €	
0,00 €	- €	
$1.234,57	$ 1.234,57	
-1.234,57 €	- 1.234,57 €	
1.234,57 €	1.234,57 €	
1.234,57 €	1.234,57 €	
Kafka:	Kafka:	
Als Gregor Samsa eines M	#############	
		Wiederholungen:
XXXXXXXXXXXXXXXXX	#############	255

7.5 Benutzerdefiniertes Zahlenformat

Verblüffend! Kennen Sie die Funktion UMWANDELN? Diese Funktion stellt über 100 Maßeinheiten zu Verfügung, die umgerechnet werden können. Natürlich kann ich nicht Meter in Kilogramm umrechnen und natürlich sind viele Einheiten in Zehnerpotenzen vorhanden: mm, cm, m, km, ...

Umso erstaunlicher ist es, dass keine dieser Maßeinheiten in den Zahlenformaten in Excel zu finden sind. Zwar finden sich alle Währungen dieser Welt. Als 2005 in der Türkei von der Lira auf die neue türkische Lira (TRY) umgestellt wurde, hielt diese Währung in Excel Einzug. Ebenso findet sich in der aktuellen Version Bitcoin.

Während das Dollar-Zeichen auf den meisten Computertastaturen vorhanden ist und das Euro-Zeichen meistens mit [Alt Gr]+[e], [Strg]+[Alt]+[e] oder auch [Shift]+[Strg]+[Alt]+[e] erzeugt werden kann, finden sich andere Währungssymbole nicht auf der Tastatur. Wenn Sie sie benötigen, dann können Sie mit gedrückter [Alt]-Taste auf der rechten Zahlentastatur den ANSI-Code für folgende Symbole eingeben:

£ (GBP) 0163

¥ (JPY) 0165

€ (EUR) 0128

₽ (RUB) 8381

Weitere Währungssymbole finden sich im Internet

Man kann jedes beliebige Wort vor oder hinter den Zahlen durch ein benutzerdefiniertes Zahlenformat hinzufügen. Ob das Leerzeichen sich innerhalb der Anführungszeichen befindet oder außerhalb, spielt keine Rolle:

```
"Schulden:" 0,00
```

entspricht:

```
"Schulden: "0,00
```

Alternativ könnte vor jedes Zeichen ein „\" gesetzt werden:

```
\Sc\h\u\l\d\e\n\: 0
```

Und so könnte man benutzerdefiniert formatieren:

- 1234 km
- 1235 m²
- 1236 m³
- 1237 °C
- 1238 hl
- 1239 kg

und so weiter.

Soll die Zahl 1400000 nicht als 1.400.000 dargestellt werden, sondern als 1,4 Mio., dann muss sie formatiert werden:

stellt sie als 1400000 dar.

#. stellt sie als 1400 dar.

#.. stellt sie als 1 dar.

#..,# stellt sie als 1,4 dar.

#..,# "Mio." stellt sie als 1,4 Mio. dar.

	A	B	C	D	E
1	Panzerknacker	Name deutsch	Name englisch	Nummer	Gestohlen (in Mio)
2	Panzerknacker 1	Karlchen Knack	Big Time Beagle	167-671	265448,08
3	Panzerknacker 2	Burger Knack	Burger Beagle	761-176	750155,43
4	Panzerknacker 3	Kuno Knack	Bouncer bzw. Biceps Beagle	716-167	299745,23
5	Panzerknacker 4	Schlabber Knack	Baggy Beagle	617-716	523146,65
6	Panzerknacker 5	Babyface Knack	Babyface Beagle	176-167	314848,28
7	Panzerknacker 6	Knubbel Knack	Bugle bzw. Bebop Beagle	671-761	621136,04
8	Panzerknacker 7	Bankjob Knack	Bankjob Beagle	176-671	85005,69
9	Panzerknacker 8	Bomberknacker	Bomber Beagle	117-671	692916,21
10	Panzerknacker 9	Bullauge Knack	Bullseye Beagle	671-761	884595,15

Hinweis

Anders als in Deutschland oder Österreich wird in der Schweiz der Apostroph als Tausendertrennzeichen verwendet. Dort muss das obige Format lauten: #'',# "Mio."

Hinweis

Die folgenden Zeichen werden ohne Verwenden von Anführungszeichen angezeigt: $ - + / ( ) : ! ^ & ' (einfaches Anführungszeichen links) ' (einfaches Anführungszeichen rechts) ~ { } = < > und das Leerzeichen.

Sollten Sie sich bei einigen Sonderzeichen unsicher sein, ob sie nun Text sind oder außerhalb des Texts eingegeben werden können, dann empfiehlt es sich im Zweifelsfall immer, diese Sonderzeichen als Text zu formatieren, das heißt, in Anführungszeichen darzustellen.

Ziffer/Zeichen	Bedeutung	Beispiel: 1234,5678	Formatiert
0	Eine Ziffer ist zwingend notwendig.	0	1235
#	Eine Ziffer ist möglich.	#.##0	1.235
?	fügt auf beiden Seiten der Dezimalstelle Leerzeichen für nicht signifikante Nullen ein, um Dezimalzahlen am Dezimalkomma auszurichten, wenn die Formatierung mit einer Festbreitenschrift erfolgt (beispielsweise Courier New). Sie können das Zeichen ? auch für Brüche mit einer unterschiedlichen Anzahl von Ziffern verwenden.	????,????	1234,5678
,	Dezimaltrennzeichen	0,00	1234,57

Ziffer/Zeichen	Bedeutung	Beispiel: 1234,5678	Formatiert
.	Tausendertrennzeichen	#.##0,00	1.234,57
		#.##0,00 "kg"	1.234,57 kg
;	positive und negative Zahlen	#.##0 "kg"; [Rot]-#.##0 "kg"	1.234,57 kg
;;	positive, negative Zahlen und 0	#.##0 "kg";[Rot]-#.##0 "kg"; ""	1.234,57 kg
;;;;	positive, negative Zahlen, 0 und leere Zellen	#.##0 "kg";[Rot]-#.##0 "kg";0;""	1.234,57 kg

So könnte formatiert werden:

```
"Gewinn:" 0,00;"Verlust: "0,00
```

Vielleicht fragen Sie sich, wer so etwas braucht? Eine Antwort: Sie können sehr leicht Zahlen mit der Formatierung ;;; „verstecken" – das heißt, sie stehen zwar in der Zelle, werden aber auf dem Ausdruck nicht angezeigt.

Eine andere Anwendung stellen Diagramme dar: wenn beispielsweise negative Zahlen positiv dargestellt werden soll, so funktioniert dies nur über eine Formatierung 0;0, da in Diagrammen keine bedingten Formatierungen zur Verfügung stehen.

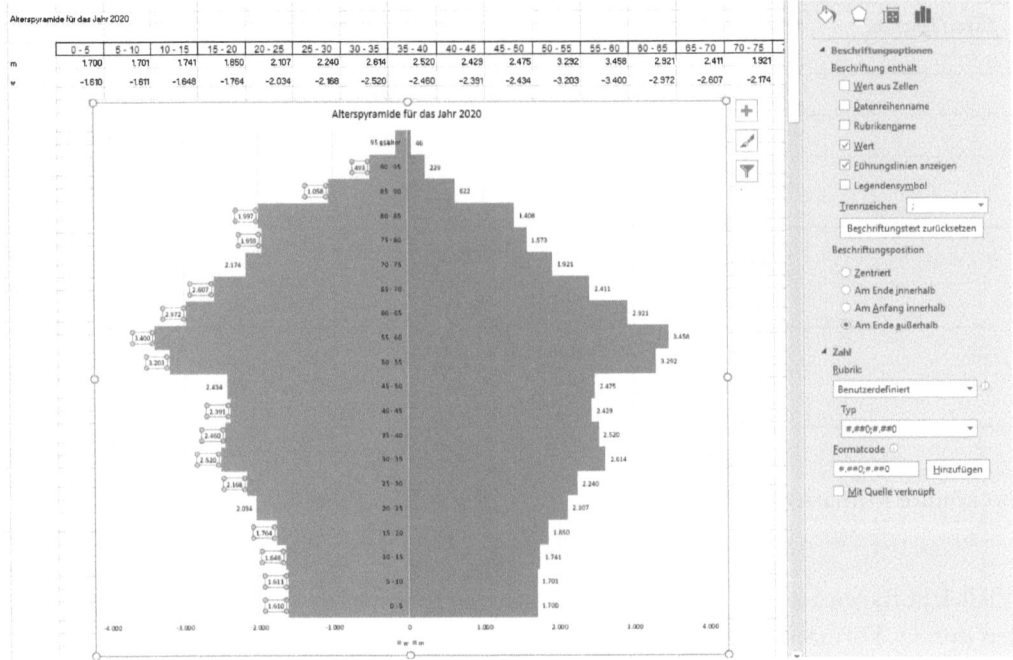

7.6 ;;;

Bei dem benutzerdefinierten Zahlenformat ;;; stehen die vier Elemente für:

- Positive Zahl
- Negative Zahl
- Leer
- Text

Damit ist es beispielsweise möglich in Tabellen mit einem farbeigen Zellhintergrund „Rundungsfehler" auszublenden, also werden Zahlen als #.##0,0000;- #.##0,0000; dargestellt. So kann man Rundungsfehler ausblenden und ist unabhängig von einer Hintergrundfarbe.

Hinweis

leider findet Inquire nicht die Zellen, die mit ;;; formatiert wurden. Weiße Schriftfarbe dagegen wird aufgespürt!

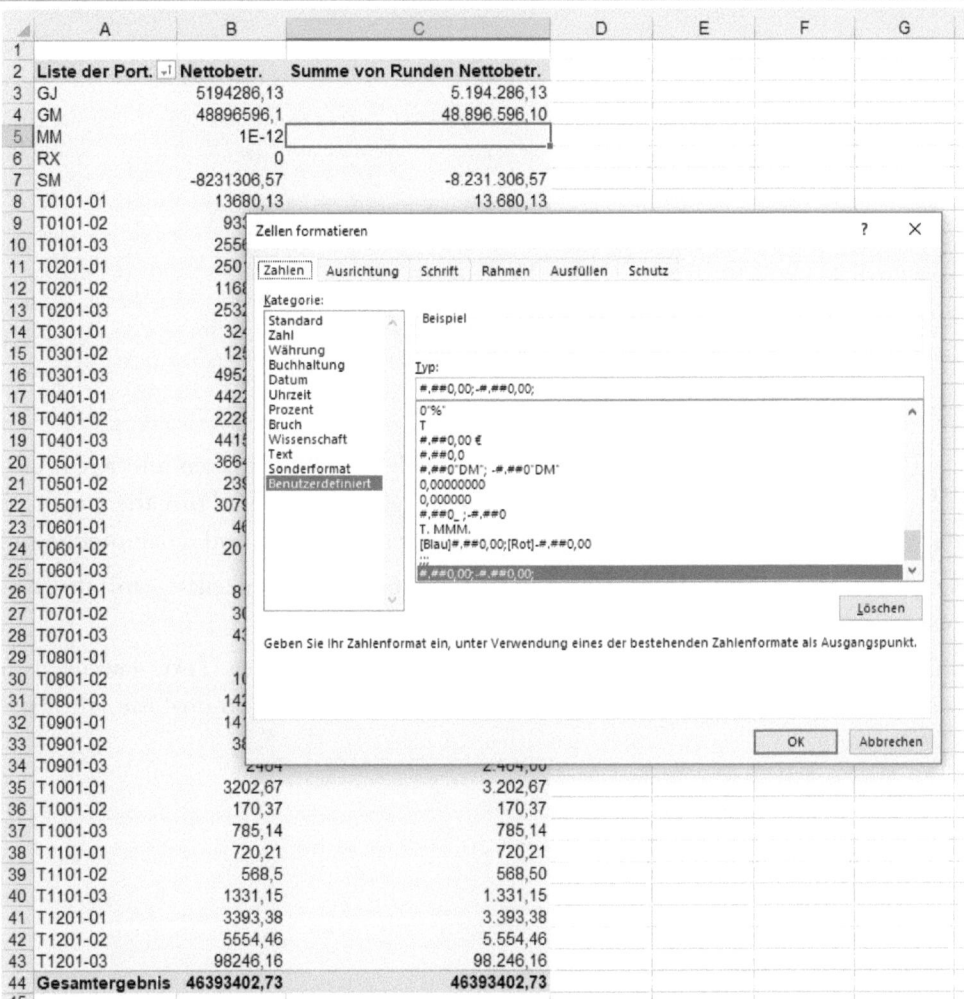

Dies kann beispielsweise in folgendem Szenario verwendet werden:

In einem Formular soll ein Kombinationsfeld (Datenüberprüfung) die beiden Varianten „Keine Auswahl;x" zur Verfügung stellen. Jedoch soll der ausgewählte Text „keine Auswahl" nicht auf dem Tabellenblatt angezeigt werden. Also kann man ihn dynamisch mit Hilfe einer bedingten Formatierung (Bedingung: Text = „Keine Auswahl") ausblenden: Benutzerdefiniertes Zahlenformat: ;;;

Somit wird bei dieser Auswahl nichts angezeigt.

| I107 | ▼ | : | ✗ | ✓ | *fx* | keine Angabe |

	C	D	E	F	G	H	I	J	K	L	M	N	O	P	Q	R
105			**bis 24 h**		**bis 48 h**		**bis 72 h**		**bis 96 h**		**bis 120 h**		**bis 240 h**		**bis 480 h**	
106	x				x		x		x		x		x		x	
107	x										x		x		x	
108	x			keine Angabe			x		x		x		x		x	
				x												
109	x															
110	x				x											

In Excel (Word, PowerPoint & co) kann man die beiden Symbole Haken und Kreuz einfügen. Sie finden sich in der Schriftart Wingdings – ganz am Ende. Formatiert man sie mit einer anderen Schriftart, erfährt man, dass die beiden Zeichen û und ü dahinter liegen.

Und so kann man eine Auswahlliste über eine Datenüberprüfung erstellen – mit den beiden Texten „erledigt" und „nicht erledigt".

Mit Hilfe der bedingten Formatierung kann man nun diese beiden Texte jeweils als û respektive ü darstellen – ;;;"ü" oder ;;;"û" hilft dabei. Fertig ist die To-do-Liste, die abgehakt werden kann.

▲	A	B	C
1		To-do-Liste:	erledigt
2	☛	Aufs Dach klettern und Ziegelsteine hinunter werfen, während ich die Musik von Tetris summe.	✖
3	☛	Im Standesamt irgendeinem Bräutigam zurufen: "ich werde dich trotzdem immer lieben!"	✓
4	☛	Mit einem Grillhähnchen zum Tierarzt gehen und fragen, ob noch was zu retten ist.	✓
5	☛	Mit einem Laborkittel in den Supermarkt gehen und sagen: "schön dass so viele an unserem Experiment teilnehmen."	✓
6	☛	Vanillepudding in ein Mayo-Glas füllen und es in der Mittagspause essen.	
7	☛	Zwei Privatdetektive anheuern und sich gegenseitig beschatten lassen.	
8	☛	Ein T-Shirt anziehen, auf dem "Leben" steht und Zitronen verteilen.	
9	☛	In einem vollen Aufzug laut sagen: "ihr wundert euch sicher, warum wir uns heute hier versammelt haben..."	
10	☛	In ein Geschäft rennen und fragen welches Jahr wir haben. Wenn jemand antwortet, erfreut rufen: "Hurra es hat funktioniert!" und wegrennen.	
11	☛	In einem Internetforum die Frage stellen, ob es normal ist, dass ich beim Duschen immer nass	
12	☛	Einen Doktor machen und meinen Nachnamen auf "Acula" ändern.	
13	☛	Mit einem Laserpointer in die Sauna gehen und die Schwachstellen der Körper anderer Gäste markieren.	
14	☛	Einen Papagei kaufen und ihm folgenden Satz beibringen: "Hilfe, ich wurde in einen Vogel	
15	☛	Jemanden anrufen, um ihm zu sagen, dass ich jetzt wirklich keine Zeit habe zu telefonieren und	
16	☛	Joggern mit dem Auto hinterherfahren und zur Motivation "Eye of the Tiger" spielen.	
17	☛	Mich mit einem Bauplan in die Fußgängerzone stellen, wahllos auf Gebäude zeigen und auf Fragen der Passanten mit den Worten: "das kommt hier alles weg!" antworten.	
18	☛	In die Umkleidekabine einer feinen Boutique gehen und laut heraus brüllen: "das Klopapier ist alle."	
19	☛	Im Ankunftsbereich des Flughafens ein Schild mit "E. Snowden" hochhalten.	
20	☛	Eine neue To-Do Liste erstellen.	

Within the list (dropdown shown at row 6): erledigt / nicht erledigt

7.7 Benutzerdefiniertes Zahlenformat statt Bedingte Formatierung

Die Farbe für einen Abschnitt des Formats wird festgelegt, indem Sie den Namen einer der folgenden acht Farben in eckigen Klammern im Abschnitt eingeben. Groß- und Kleinschreibung spielt hierbei keine Rolle. Der Farbcode muss das erste Element im Abschnitt sein.

- ◼ Schwarz
- ◼ Zyan
- ◼ Magenta
- ◼ Weiß
- ◼ Blau
- ◼ Grün
- ◼ Rot
- ◼ Gelb

Mithilfe dieser Farbe könnten Bedingungen definiert werden:

```
[Blau][<100]0;[Grün][>1000]0;Standard
```

Hinweis

Bedauerlicherweise kann man nur zwei Farbvarianten wählen.

Man kann auch über [Farbexx] einen Farbwert erzeugen – Excel stellt 56 verschiedene Werte zur Verfügung:

	A	B	C	D	E	F	G	H
1								
2		1		3	4	5		7
3		8	9	10	11	12	13	14
4		15	16	17	18			21
5		22	23	24	25	26		28
6		29	30	31	32	33		
7			37	38	39	40	41	42
8		43	44	45	46	47	48	49
9		50	51	52	53	54	55	56

Man kann die Werte leicht mit einem Makro erzeugen:

```
Sub FarbeSchreiben()
    Dim xlZelle As Range


    For Each xlZelle In ActiveSheet.UsedRange
        xlZelle.NumberFormat = _
        "[Color" & xlZelle.Value & "]"
    Next
End Sub
```

Leichter ist dies sicherlich in den meisten Fällen über die bedingte Formatierung (Registerkarte „Start"). Allerdings gibt es einige Stellen in Excel, beispielsweise im Diagramm, wo die bedingte Formatierung nicht verwendet werden kann.

Und so kann man mit der benutzerdefinierten Formatierung

```
[Blau][<0,8]0,00%;[Rot][<0,95]0,00%;[Grün]0,00%
```

In Diagramme eine dynamische Schriftfarbe erzeugen:

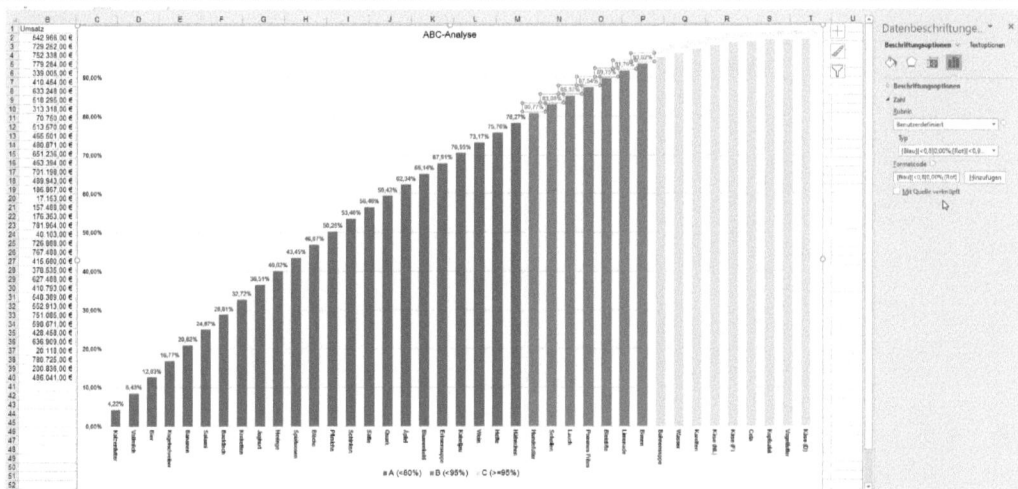

Um ein Leerzeichen in der Breite eines Zeichens im Zahlenformat zu erstellen, geben Sie ein Unterstreichungszeichen (_) und dahinter das betreffende Zeichen ein. Wenn Sie zum Beispiel einen Unterstrich mit einer schließenden Klammer (_)) eingeben, werden positive Zahlen bündig mit in Klammern stehenden negativen Zahlen ausgerichtet.

Soll das auf eine Zahl folgende Zeichen im Format zum Ausfüllen der Spalte wiederholt werden, nehmen Sie ein Sternchen (*) in das Zahlenformat mit auf. Geben Sie zum Beispiel **0*-** ein, um die Zelle mit Bindestrichen aufzufüllen.

7.8 Mehr als drei Bedingungen?

Mithilfe dieser Farbe könnten Bedingungen definiert werden:

```
[Blau][<100]0;[Grün][>1000]0;Standard
```

Hinweis
Bedauerlicherweise kann man nur zwei Farbvarianten wählen.

Benötigt man mehr als drei Farben oder Texte, muss man auf die „klassische" (oder: neue) Bedingte Formatierung zurückgreifen. Beispielsweise, um in einem Diagramm Text darzustellen.

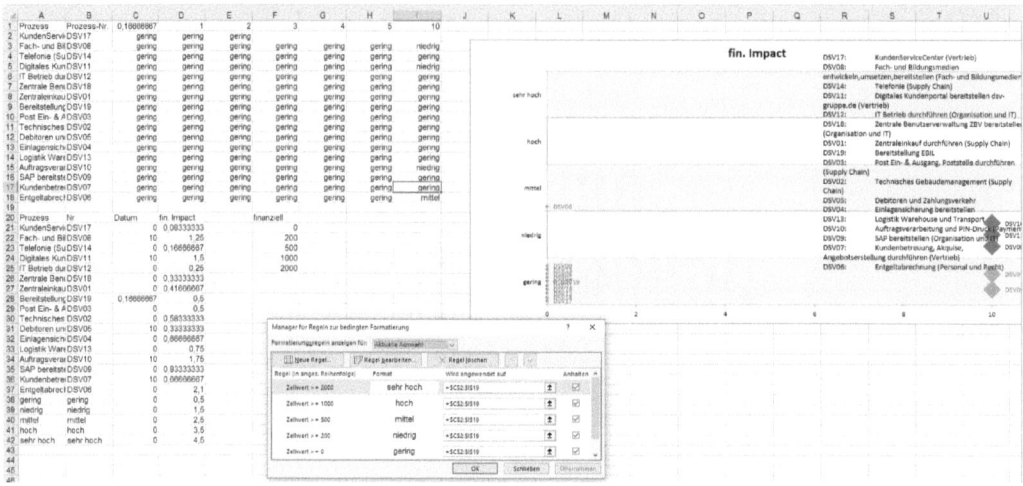

7.9 Datumsangaben sind Zahlen

Einen besonderen Stellenwert nehmen Datum und Uhrzeit ein. Wenn Sie ein Datum eingeben, beispielsweise den 1.1.5, so wird dieses Datum sofort dargestellt als:

```
01.01.2005
```

Selbst eine Eingabe wie 1. Mai, 02.03. oder 3. Januar wird „umformatiert" und anders dargestellt:

```
01. Mai, 02. Mrz, 03. Jan
```

Übrigens wird auch Januar 2020 verändert zu Jan 20.

Wünschen Sie eine andere Darstellung, dann wählen Sie diese aus dem Register Start | Zahl aus der Kategorie „Datum". Dies wird an einem beliebigen Datum, dem 1.1.2020, ein Mittwoch, dargestellt. Excel selbst verwendet exemplarisch ein Datum – den 14. März 2012.

Zeichen	Bedeutung	Darstellung beim 1.1.2021
T	Tag, einstellig	1
TT	Tag, zweistellig	01
TTT	Wochentag in der Kurzform	Fr
TTTT	Wochentag in der Langform	Freitag
M	Monat, einstellig	1

Zeichen	Bedeutung	Darstellung beim 1.1.2021
MM	Monat, zweistellig	01
MMM	Monat, als Text in der Kurzform	Jan
MMMM	Monat, als Text in der Langform	Januar
JJ	Jahr in der Kurzform	21
JJJJ	Jahr in der Langform	2021

Hinweis

Zwischen Groß- und Kleinschreibung wird bei „T" und „J" nicht unterschieden, bei „M" allerdings schon. Alle benutzerdefinierten Formate können in Groß- oder Kleinschreibung eingegeben werden, alle Zellbezüge, Formeln und Funktionen. Auch in VBA wird nicht zwischen Groß- und Kleinschreibung bei internen Funktionen unterschieden. Lediglich „M" ist reserviert für den Monat, „m" für Minuten! So würde ein tt.mm.jj zu folgender fehlerhaften Darstellung führen:

`01.00.21`

Wenn Sie das Datum folgendermaßen darstellen möchten:

`Freitag, den 01. Januar 2021`

dann muss es wie folgt formatiert sein:

`TTTT, "den" TT. MMMM JJJJ`

Achten Sie dabei auf Punkte und Leerstellen!

Tipp

Manche Excel-Benutzer tippen die Zahlen sehr gerne auf der rechten Zahlentastatur. Damit Sie beim Eingeben von Datumsangaben nicht auf die Schreibmaschinentastatur umgreifen müssen, um einen Datumspunkt zu setzen, können Sie auch ein Minus- (-) oder ein Geteiltzeichen (/) verwenden. Diese finden Sie auch rechts. Korrekte Eingaben sind also:

`1.1.20`

`1-1-20`

`1/1/20`

Achtung

Die Eingabe 31-12-29 wird interpretiert als 31.12.2029, dagegen wird 1-1-30 zum 01.01.1930. Dazwischen verläuft sich die Grenze. Sie wird im Betriebssystem in der Systemsteuerung festgelegt.

Und woher „weiß" Excel, dass es sich in Deutschland befindet, dass „MMMM" Januar bedeutet und nicht beispielsweise January, Enero, Ocak oder Leden? Die Antwort darauf finden Sie in der Windows-Systemsteuerung. Excel greift auf die Ländereinstellung zu und zeigt im Zahlendialog das dort eingestellte Gebietsschema an. Wurde dort „Österreich" eingestellt, wird der erste Monat des Jahres zum Jänner formatiert.

Was passiert nun, wenn ein Datum in eine Zahl formatiert wird? Ein Datum, wie 18.06.2020, wird dann zur Zahl 44000. Die Erklärung ist denkbar einfach: Hinter jedem Excel-Datum steht eine serielle Zahl. Excel beginnt in seiner Zählung am 01.01.1900, was der Zahl 1 entspricht. Der 02.01.1900 ist also 2, der 3. Januar 3 und so weiter bis zum 18.06.2020, was für 44000 steht.

Übrigens hat Excel auch eine Obergrenze: Sie liegt beim 31.12.9999 (oder der Zahl 2.958.465) Das dürfte fürs Erste genügen ...

Die Zuweisung von Zahlen zu Datumsangaben hat Konsequenzen. Durch diese interne Umrechnungsart „erkennt" Excel sehr schnell, dass es keinen 31.11.2019 gibt, und lässt das Datum linksbündig als Text stehen. Für den 31.12.2019 wird eine Zahl gefunden. Auch beim Herunterziehen von Datumsangaben erkennt Excel sehr schnell, wie sie „weiterlaufen".

Sollten Sie allerdings ein Datum in eine Zelle schreiben, den Zellinhalt löschen und nun eine Zahl eingeben, so wird diese Zahl in ein Datum formatiert. Steht beispielsweise in einer Zelle das heutige Datum, wird es gelöscht, und wird 500 (€) eingegeben, dann wird der (Währungs-)Betrag in das Datum 14.05.1901 umgerechnet.

Gerade Anfänger sind davon leicht verwirrt. Gibt ein Anfänger beispielsweise statt 2,5 auf der Tastatur 2.5 ein, wie er es vom Taschenrechner her kennt, so wird die Zahl in den 2. Mai konvertiert. Ein Löschen bewirkt nur das Löschen des Inhaltes, nicht der Formatierung. Wird nun korrekt 2,5 eingetippt, so wird es in den 2. Januar gedreht. Erst ein korrektes Löschen über Start | Löschen | Alle löschen | Formate löschen oder Umformatieren der Zelle Start | Zahlenformat hilft weiter.

Übrigens: In Excel ist es möglich ein benutzerdefiniertes Datumsformat nach einem Gebietsschema zu formatieren. Erstaunlicherweise stellt Excel beim schweizerischen und österreichischen Schema nicht so viele Typen zur Verfügung wie beim deutschen aus

Deutschland. Und: Ein Umstellen auf das US-amerikanische Schema stellt einen Typ MM-TT-JJJJ zur Verfügung, während Schemata wie Russisch oder Griechisch die Monatsnamen in der entsprechenden Schrift anzeigen. So wird aus dem 24. Dezember 2020 24 Δεκεμβρίος 2020 beziehungsweise 24 декабря 2020 г. Noch erstaunlicher ist, dass Excel beim Datumsformatieren in den entsprechenden Kalender umrechnen kann. Der 24.12.2020 wird korrekt als ٠٩.٠٥.١٤٤٢ (09. 05. 1442 umgerechnet oder als ٢٤.١٢.٢٠٢٠ (24.12.2020) dargestellt, wenn Arabisch gewählt wird.

Datum	Deutsch	Englisch	Niederländisch	Schwedisch	Norwegisch (Bokmal)	Isländisch	Dänisch	Färöisch
01.01.2019	1. Januar 2019	January 1, 2019	1 januari 2019	1 januari 2019	1. januar 2019	01. janúar 2019	1. januar 2019	1. januar 2019
01.02.2019	1. Februar 2019	February 1, 2019	1 februari 2019	1 februari 2019	1. februar 2019	01. febrúar 2019	1. februar 2019	1. februar 2019
01.03.2019	1. März 2019	March 1, 2019	1 maart 2019	1 mars 2019	1. mars 2019	01. mars 2019	1. marts 2019	1. mars 2019
01.04.2019	1. April 2019	April 1, 2019	1 april 2019	1 april 2019	1. april 2019	01. apríl 2019	1. april 2019	1. apríl 2019
01.05.2019	1. Mai 2019	May 1, 2019	1 mei 2019	1 maj 2019	1. mai 2019	01. maí 2019	1. maj 2019	1. mai 2019
01.06.2019	1. Juni 2019	June 1, 2019	1 juni 2019	1 juni 2019	1. juni 2019	01. júní 2019	1. juni 2019	1. juni 2019
01.07.2019	1. Juli 2019	July 1, 2019	1 juli 2019	1 juli 2019	1. juli 2019	01. júlí 2019	1. juli 2019	1. juli 2019
01.08.2019	1. August 2019	August 1, 2019	1 augustus 2019	1 augusti 2019	1. august 2019	01. ágúst 2019	1. august 2019	1. august 2019
01.09.2019	1. September 2019	September 1, 2019	#############	1 september 2019	1. september 2019	01. september 2019	1. september 2019	1. september 2019
01.10.2019	1. Oktober 2019	October 1, 2019	1 oktober 2019	1 oktober 2019	1. oktober 2019	01. október 2019	1. oktober 2019	1. oktober 2019
01.11.2019	1. November 2019	November 1, 2019	1 november 2019	1 november 2019	1. november 2019	01. nóvember 2019	1. november 2019	1. november 2019
01.12.2019	1. Dezember 2019	December 1, 2019	1 december 2019	1 december 2019	1. desember 2019	01. desember 2019	1. december 2019	1. desember 2019

Datum	Französisch	Spanisch	Italienisch	Portugiesisch	Rumänisch	Katalanisch	Galizisch
01.01.2019	1 janvier 2019	1 de enero de 2019	1 gennaio 2019	1 de janeiro de 2019	1 ianuarie 2019	1/gener/2019	1 de Xaneiro de 2019
01.02.2019	1 février 2019	1 de febrero de 2019	1 febbraio 2019	1 de fevereiro de 2019	1 februarie 2019	1/febrer/2019	1 de Febreiro de 2019
01.03.2019	1 mars 2019	1 de marzo de 2019	1 marzo 2019	1 de março de 2019	1 martie 2019	1/març/2019	1 de Marzo de 2019
01.04.2019	1 avril 2019	1 de abril de 2019	1 aprile 2019	1 de abril de 2019	1 aprilie 2019	1/abril/2019	1 de Abril de 2019
01.05.2019	1 mai 2019	1 de mayo de 2019	1 maggio 2019	1 de maio de 2019	1 mai 2019	1/maig/2019	1 de Maio de 2019
01.06.2019	1 juin 2019	1 de junio de 2019	1 giugno 2019	1 de junho de 2019	1 iunie 2019	1/juny/2019	1 de Xuño de 2019
01.07.2019	1 juillet 2019	1 de julio de 2019	1 luglio 2019	1 de julho de 2019	1 iulie 2019	1/juliol/2019	1 de Xullo de 2019
01.08.2019	1 août 2019	1 de agosto de 2019	1 agosto 2019	1 de agosto de 2019	1 august 2019	1/agost/2019	1 de Agosto de 2019
01.09.2019	1 septembre 2019	1 de septiembre de 2019	1 settembre 2019	1 de setembro de 2019	1 septembrie 2019	1/setembre/2019	1 de Setembro de 2019
01.10.2019	1 octobre 2019	1 de octubre de 2019	1 ottobre 2019	1 de Outubro de 2019	1 octombrie 2019	1/octubre/2019	1 de Outubro de 2019
01.11.2019	1 novembre 2019	1 de noviembre de 2019	1 novembre 2019	1 de novembro de 2019	1 noiembrie 2019	1/novembre/2019	1 de Novembro de 2019
01.12.2019	1 décembre 2019	1 de diciembre de 2019	1 dicembre 2019	1 de dezembro de 2019	1 decembrie 2019	1/desembre/2019	1 de Decembro de 2019

Datum	Finnisch	Ungarisch	Türkisch	Litauisch	Lettisch	Baskisch	Georgisch
01.01.2019	1. tammikuuta 2019	2019. január 1.	01 Ocak 19	2019 m. sausis 1 d.	otrdiena, 2019. gada 1. janvāris	2019(e)ko urtarrilaren 1a	2019 წლის 01 01, სამშაბათი
01.02.2019	1. helmikuuta 2019	2019. február 1.	01 Şubat 19	2019 m. vasaris 1 d.	piektdiena, 2019. gada 1. februāris	2019(e)ko Otsailaren 1a	2019 წლის 01 02, კვირა
01.03.2019	1. maaliskuuta 2019	2019. március 1.	01 Mart 19	2019 m. kovas 1 d.	piektdiena, 2019. gada 1. marts	2019(e)ko Martxoaren 1a	2019 წლის 01 03, კვირა
01.04.2019	1. huhtikuuta 2019	2019. április 1.	01 Nisan 19	2019 m. balandis 1 d.	pirmdiena, 2019. gada 1. aprīlis	2019(e)ko Apirilaren 1a	2019 წლის 01 04, ორშაბათი
01.05.2019	1. toukokuuta 2019	2019. május 1.	01 Mayıs 19	2019 m. gegužė 1 d.	trešdiena, 2019. gada 1. maijs	2019(e)ko Maiatzaren 1a	2019 წლის 01 05, ოთხშაბათი
01.06.2019	1. kesäkuuta 2019	2019. június 1.	01 Haziran 19	2019 m. birželis 1 d.	sestdiena, 2019. gada 1. jūnijs	2019(e)ko Ekainaren 1a	2019 წლის 01 06, შაბათი
01.07.2019	1. heinäkuuta 2019	2019. július 1.	01 Temmuz 19	2019 m. liepa 1 d.	pirmdiena, 2019. gada 1. jūlijs	2019(e)ko Uztailaren 1a	2019 წლის 01 07, ორშაბათი
01.08.2019	1. elokuuta 2019	2019. augusztus 1.	01 Ağustos 19	2019 m. rugpjūtis 1 d.	ceturtdiena, 2019. gada 1. augusts	2019(e)ko Abuztuaren 1a	2019 წლის 01 08, ხუთშაბათი
01.09.2019	1. syyskuuta 2019	2019. szeptember 1.	01 Eylül 19	2019 m. rugsėjis 1 d.	svētdiena, 2019. gada 1. septembris	2019(e)ko Irailaren 1a	2019 წლის 01 09, კვირა
01.10.2019	1. lokakuuta 2019	2019. október 1.	01 Ekim 19	2019 m. spalis 1 d.	otrdiena, 2019. gada 1. oktobris	2019(e)ko Urriaren 1a	2019 წლის 01 10, სამშაბათი
01.11.2019	1 marraskuuta 2019	2019. november 1.	01 Kasım 19	2019 m. lapkritis 1 d.	piektdiena, 2019. gada 1. novembris	2019(e)ko Azaroaren 1a	2019 წლის 01 11, კვირა
01.12.2019	1. joulukuuta 2019	2019. december 1.	01 Aralık 19	2019 m. gruodis 1 d.	svētdiena, 2019. gada 1. decembris	#################	2019 წლის 01 12, კვირა

Datum	Deutsch	Polnisch	Tschechisch	Slowakisch	Slowenisch	Kroatisch	Serbisch
01.01.2019	1. Januar 2019	1 styczeń 2019	1. leden 2019	1. januar 2019	1. januar 2019	1. siječanj 2019	1. januar 2019
01.02.2019	1. Februar 2019	1 luty 2019	1. únor 2019	1. február 2019	1. februar 2019	1. veljača 2019	1. februar 2019
01.03.2019	1. März 2019	1 marzec 2019	1. březen 2019	1. marec 2019	1. marec 2019	1. ožujak 2019	1. mart 2019
01.04.2019	1. April 2019	1 kwiecień 2019	1. duben 2019	1. apríl 2019	1. april 2019	1. travanj 2019	1. april 2019
01.05.2019	1. Mai 2019	1 maj 2019	1. květen 2019	1. máj 2019	1. maj 2019	1. svibanj 2019	1. maj 2019
01.06.2019	1. Juni 2019	1 czerwiec 2019	1. červen 2019	1. jún 2019	1. junij 2019	1. lipanj 2019	1. jun 2019
01.07.2019	1. Juli 2019	1 lipiec 2019	1. červenec 2019	1. júl 2019	1. julij 2019	1. srpanj 2019	1. jul 2019
01.08.2019	1. August 2019	1 sierpień 2019	1. srpen 2019	1. august 2019	1. avgust 2019	1. kolovoz 2019	1. avgust 2019
01.09.2019	1. September 2019	1 wrzesień 2019	1. září 2019	1. september 2019	1. september 2019	1. rujan 2019	1. septembar 2019
01.10.2019	1. Oktober 2019	1 październik 2019	1. říjen 2019	1. október 2019	1. oktober 2019	1. listopad 2019	1. oktobar 2019
01.11.2019	1. November 2019	1 listopad 2019	1. listopad 2019	1. november 2019	1. november 2019	1. studeni 2019	1. novembar 2019
01.12.2019	1. Dezember 2019	1 grudzień 2019	1. prosinec 2019	1. december 2019	1. december 2019	1. prosinac 2019	1. decembar 2019

Datum	Griechisch	Russisch	Ukrainisch	Weißrussisch	Bulgarisch	Kirgiesisch
01.01.2019	1 Ιανουάριος 2019	01 января 2019 г.	1 січня 2019 р.	1 студзеня 2019	01 януари 2019 г.	1-январь 2019-ж.
01.02.2019	1 Φεβρουάριος 2019	01 февраля 2019 г.	1 лютого 2019 р.	1 лютага 2019	01 февруари 2019 г.	1-февраль 2019-ж.
01.03.2019	1 Μάρτιος 2019	01 марта 2019 г.	1 березня 2019 р.	1 сакавіка 2019	01 март 2019 г.	1-март 2019-ж.
01.04.2019	1 Απρίλιος 2019	01 апреля 2019 г.	1 квітня 2019 р.	1 красавіка 2019	01 април 2019 г.	1-апрель 2019-ж.
01.05.2019	1 Μάιος 2019	01 мая 2019 г.	1 травня 2019 р.	1 мая 2019	01 май 2019 г.	1-май 2019-ж.
01.06.2019	1 Ιούνιος 2019	01 июня 2019 г.	1 червня 2019 р.	1 чэрвеня 2019	01 юни 2019 г.	1-июнь 2019-ж.
01.07.2019	1 Ιούλιος 2019	01 июля 2019 г.	1 липня 2019 р.	1 ліпеня 2019	01 юли 2019 г.	1-июль 2019-ж.
01.08.2019	1 Αύγουστος 2019	01 августа 2019 г.	1 серпня 2019 р.	1 жніўня 2019	01 август 2019 г.	1-август 2019-ж.
01.09.2019	1 Σεπτέμβριος 2019	01 сентября 2019 г.	1 вересня 2019 р.	1 верасня 2019	01 септември 2019 г.	1-сентябрь 2019-ж.
01.10.2019	1 Οκτώβριος 2019	01 октября 2019 г.	1 жовтня 2019 р.	1 кастрычніка 2019	01 октомври 2019 г.	1-октябрь 2019-ж.
01.11.2019	1 Νοέμβριος 2019	01 ноября 2019 г.	1 листопада 2019 р.	1 лістапада 2019	01 ноември 2019 г.	1-ноябрь 2019-ж.
01.12.2019	1 Δεκέμβριος 2019	01 декабря 2019 г.	1 грудня 2019 р.	1 снежня 2019	01 декември 2019 г	1-декабрь 2019-ж.

Datum	Arabisch I	Arabisch II	Syrisch	Hebräisch	Farsi
01.01.2019	٢٤ ربيع الثاني 2019	٢٤ ربيع الثاني ١٤٤٠	01 ܟܢܘܢ ܒ, 2019	1 ינואר 2019	24 ربيع الثاني 1440
01.02.2019	٢٦ شباط 2019	٢٦ جمادى الأولى ١٤٤٠	01 ܫܒܛ, 2019	1 פברואר 2019	26 جمادى الأول 1440
01.03.2019	٢٤ آذار 2019	٢٤ جمادى الثانية ١٤٤٠	01 ܐܕܪ, 2019	1 מרץ 2019	24 جمادى الثاني 1440
01.04.2019	٢٥ نيسان 2019	٢٥ رجب ١٤٤٠	01 ܢܝܣܢ, 2019	1 אפריל 2019	26 رجب 1440
01.05.2019	٢٦ أيار 2019	٢٦ شعبان ١٤٤٠	01 ܐܝܪ, 2019	1 מאי 2019	26 شعبان 1440
01.06.2019	٢٨ حزيران 2019	٢٨ رمضان ١٤٤٠	01 ܚܙܝܪܢ, 2019	1 יוני 2019	28 رمضان 1440
01.07.2019	٢٨ تموز 2019	٢٨ شوال ١٤٤٠	01 ܬܡܘܙ, 2019	1 יולי 2019	28 شوال 1440
01.08.2019	١ آب 2019	٣٠ ذو القعدة ١٤٤٠	01 ܐܒ, 2019	1 אוגוסט 2019	30 ذو القعده 1440
01.09.2019	١ أيلول 2019	٢ محرم ١٤٤١	01 ܐܝܠܘܠ, 2019	1 ספטמבר 2019	2 محرم 1441
01.10.2019	١ تشرين الأول 2019	٢ صفر ١٤٤١	01 ܬܫܪܝ ܐ, 2019	1 אוקטובר 2019	2 صفر 1441
01.11.2019	١ تشرين الثاني 2019	٣ ربيع الأول ١٤٤١	01 ܬܫܪܝ ܒ, 2019	1 נובמבר 2019	4 ربيع الأول 1441
01.12.2019	١ كانون الأول 2019	٤ ربيع الثاني ١٤٤١	01 ܟܢܘܢ ܐ, 2019	1 דצמבר 2019	4 ربيع الثاني 1441

Datum	Armenisch	Chinesisch	Hindi	Japanisch	Koreanisch	Punjabi	Sanskrit	Thai
01.01.2019	1 Հունվար, 2019	1月1日	११.२०१९ १२:०० पूर्वाह्न	2019年1月1日	2019년 1월	01 ਜਨਵਰੀ 2019 ਮੰਗਲਵਾਰ	01 जनवरी 2019 मङ्गलवासरः	๑.๐๑.๒๕๖๒
01.02.2019	1 Փետրվար, 2019	2月1日	१.२.२०१९ १२:०० पूर्वाह्न	2019年2月1日	2019년 2월	01 ਫ਼ਰਵਰੀ 2019 ਸ਼ੁੱਕਰਵਾਰ	01 फेब्रुअरी 2019 शुक्रवासरः	๑.๐๒.๒๕๖๒
01.03.2019	1 Մարտ, 2019	3月1日	१.३.२०१९ १२:०० पूर्वाह्न	2019年3月1日	2019년 3월	01 ਮਾਰਚ 2019 ਸ਼ੁੱਕਰਵਾਰ	01 मार्च 2019 शुक्रवासरः	๑.๐๓.๒๕๖๒
01.04.2019	1 Ապրիլ, 2019	4月1日	१.४.२०१९ १२:०० पूर्वाह्न	2019年4月1日	2019년 4월	01 ਅਪ੍ਰੈਲ 2019 ਸੋਮਵਾਰ	01 एप्रिल 2019 सोमवासरः	๑.๐๔.๒๕๖๒
01.05.2019	1 Մայիս, 2019	5月1日	१.५.२०१९ १२:०० पूर्वाह्न	2019年5月1日	2019년 5월	01 ਮਈ 2019 ਬੁੱਧਵਾਰ	01 मे 2019 बुधवासरः	๑.๐๕.๒๕๖๒
01.06.2019	1 Հունիս, 2019	6月1日	१.६.२०१९ १२:०० पूर्वाह्न	2019年6月1日	2019년 6월	01 ਜੂਨ 2019 ਸ਼ਨਿੱਚਰਵਾਰ	01 जून 2019 शनिवासरः	๑.๐๖.๒๕๖๒
01.07.2019	1 Հուլիս, 2019	7月1日	१.७.२०१९ १२:०० पूर्वाह्न	2019年7月1日	2019년 7월	01 ਜੁਲਾਈ 2019 ਸੋਮਵਾਰ	01 जुलै 2019 सोमवासरः	๑.๐๗.๒๕๖๒
01.08.2019	1 Օգոստոս, 2019	8月1日	१.८.२०१९ १२:०० पूर्वाह्न	2019年8月1日	2019년 8월	01 ਅਗਸਤ 2019 ਵੀਰਵਾਰ	01 ऑगस्ट 2019 गुरुवासरः	๑.๐๘.๒๕๖๒
01.09.2019	1 Սեպտեմբեր, 2019	9月1日	१.९.२०१९ १२:०० पूर्वाह्न	2019年9月1日	2019년 9월	01 ਸਤੰਬਰ 2019 ਐਤਵਾਰ	01 सप्टेंबर 2019 रविवासरः	๑.๐๙.๒๕๖๒

Sie können leicht einen Ländercode ermitteln. Er setzt sich aus zwei Buchstaben für die Sprache und zwei für das Land zusammen: der Sprache Deutsch entsprich de, Deutschland entspricht DE, Österreich AT, Schweiz CH, Französisch in Frankreich fr-FR, Englisch aus Großbritannien en-GB, Russisch aus Russland ru-RU, Polnisch (Polen): pl-PL und so weiter. Über ein Dropdown-Feld wird eine Sprache oder ein Land ausgewählt, der zugehörige Code wird in einer Liste gesucht und das heutige Datum mit der Funktion

```
=TEXT(HEUTE();"[$-"&C3&"] TTTT TT.MMMM JJJJ")
```

formatiert.

	A	B	C	D	E	F	G	H
1							Name	Code
2	Sprachauswahl:						Afrikaans	af
3	Hungarian		111 hu				Afrikaans (South Africa)	af-ZA
4							Arabic	ar
5							Arabic (U.A.E.)	ar-AE
6							Arabic (Bahrain)	ar-BH
7							Arabic (Algeria)	ar-DZ
8			heutiges Datum:				Arabic (Egypt)	ar-EG
9			kedd 12.február 2019				Arabic (Iraq)	ar-IQ
10							Arabic (Jordan)	ar-JO
11							Arabic (Kuwait)	ar-KW
12							Arabic (Lebanon)	ar-LB
13							Arabic (Libya)	ar-LY
14							Arabic (Morocco)	ar-MA
15							Arabic (Oman)	ar-OM
16							Arabic (Qatar)	ar-QA
17							Arabic (Saudi Arabia)	ar-SA
18							Arabic (Syria)	ar-SY
19							Arabic (Tunisia)	ar-TN
20							Arabic (Yemen)	ar-YE
21							Azeri (Latin)	az
22							Azeri (Latin) (Azerbaijan)	az-AZ
23							Azeri (Cyrillic) (Azerbaijan)	az-AZ
24							Belarusian	be

Und damit kann man leicht einen mehrsprachigen Kalender erstellen:

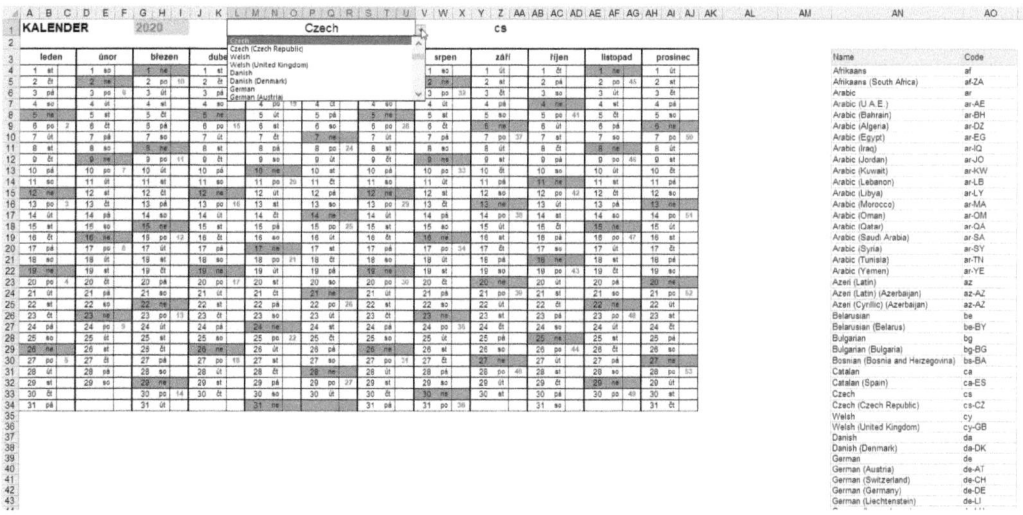

7.10 Uhrzeitangaben sind Zahlen

Eine Uhrzeit 12:00 Uhr (mittags) kann auf verschiedene Weisen dargestellt werden:

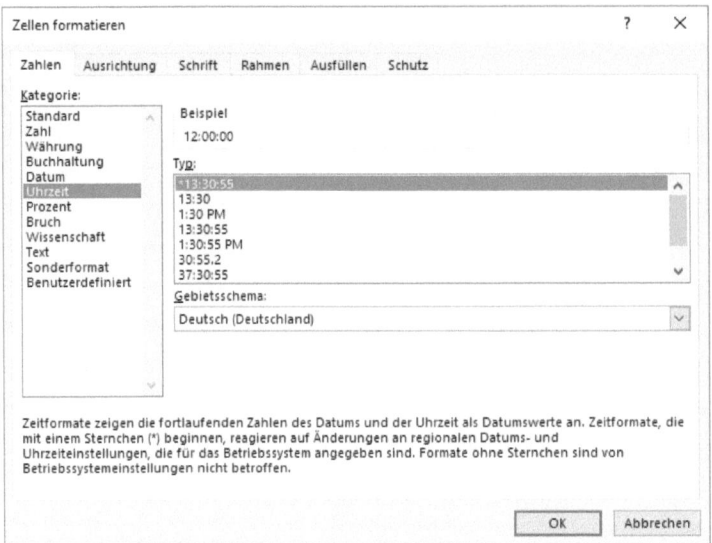

Zeichen	Bedeutung	Bei 08:05
h	Stunde in der Kurzform	8
hh	Stunde in der Langform	08
[h]	Stunden über 24:00 (Uhr)	08
m	Minute in der Kurzform	5
mm	Minute in der Langform	05
s	Sekunde in der Kurzform (hier nicht vorhanden)	0
ss	Sekunde in der Langform (hier nicht vorhanden)	00
AM/PM	das amerikanische 12-Stunden-Zeitformat	08:05 AM

Tipp

Auch bei der Uhrzeit gibt es – wie bei Datumsangaben – einen Trick bei der Eingabe – man kann über die AutoKorrektur zwei Kommata durch einen Doppelpunkt ersetzen lassen – und schon wird aus 12,,30 die Uhrzeit 12:30.

Dabei stehen auch hier verschiedene Gebietsschemata zur Verfügung – sie liefern die sprachtypischen Ziffernzeichen

Hinweis

Formatiert man in Excel eine Uhrzeit als „mm", speichert man die Datei, öffnet sie wieder, wandelt Excel den Zellwert in „MM" um.

7.11 Text und Zahl

Texte werden als @ formatiert. Dies kann man feststellen, wenn das Zahlenformat „Text" gewählt wurde und man anschließend in die Kategorie „Benutzerdefiniert" wechselt.

Mit [Alt] + Zahl < 32 kann ein nicht-druckbares Zeichen erzeugt werden. Dieses kann in dem benutzerdefinierten Zahlenformat

* @

verwendet werden. Dieses wiederum könnte man als Zellenformatvorlage speichern – warum nicht auch mit Einzug?

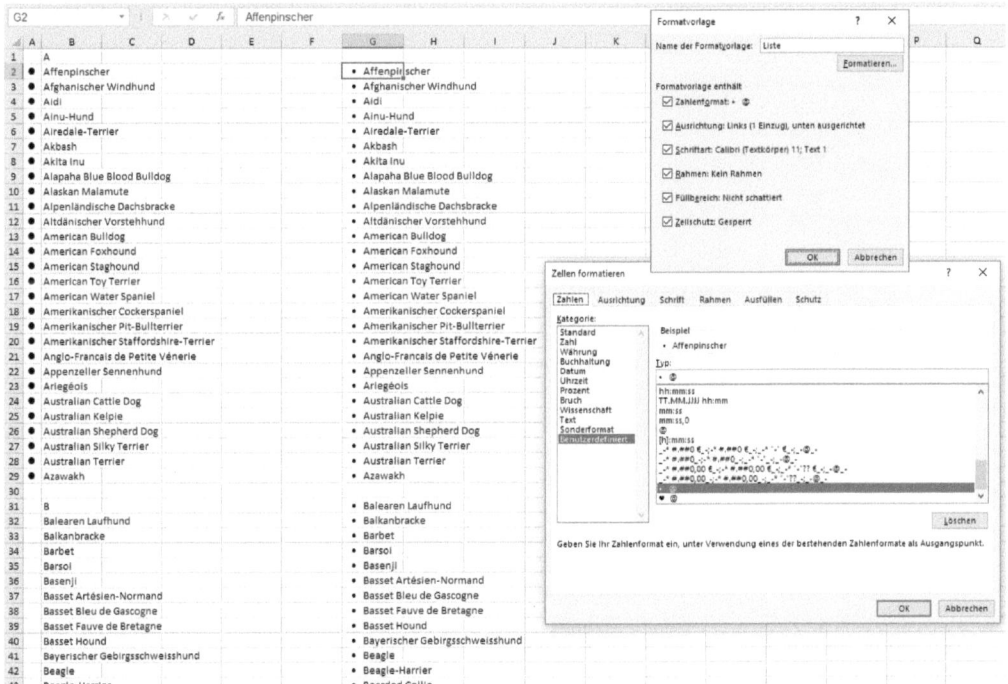

7.12 SAP & co

Kennen Sie SAP? Das ist mein Freund!

Nein – das war sehr ironisch. Jeder, der häufig Daten aus SAP oder anderen Datenbanksystemen exportiert, kennt sicherlich das Problem: Ab und zu werden Textinformationen unter die Zellen geschoben. Das sieht man erstaunlicherweise nicht – die Zellen sind als „Standard" formatiert. Oft erkennt man es daran, dass die Zahlen linksbündig in der Zelle stehen. Spätestens wenn Sie mit den Zahlen weiterrechnen möchten oder wenn Sie die Zahlen sortieren oder filtern oder als Zahlen formatieren möchten ... stellen Sie fest, dass Excel Ihnen nun einen Strich durch die Rechnung macht.

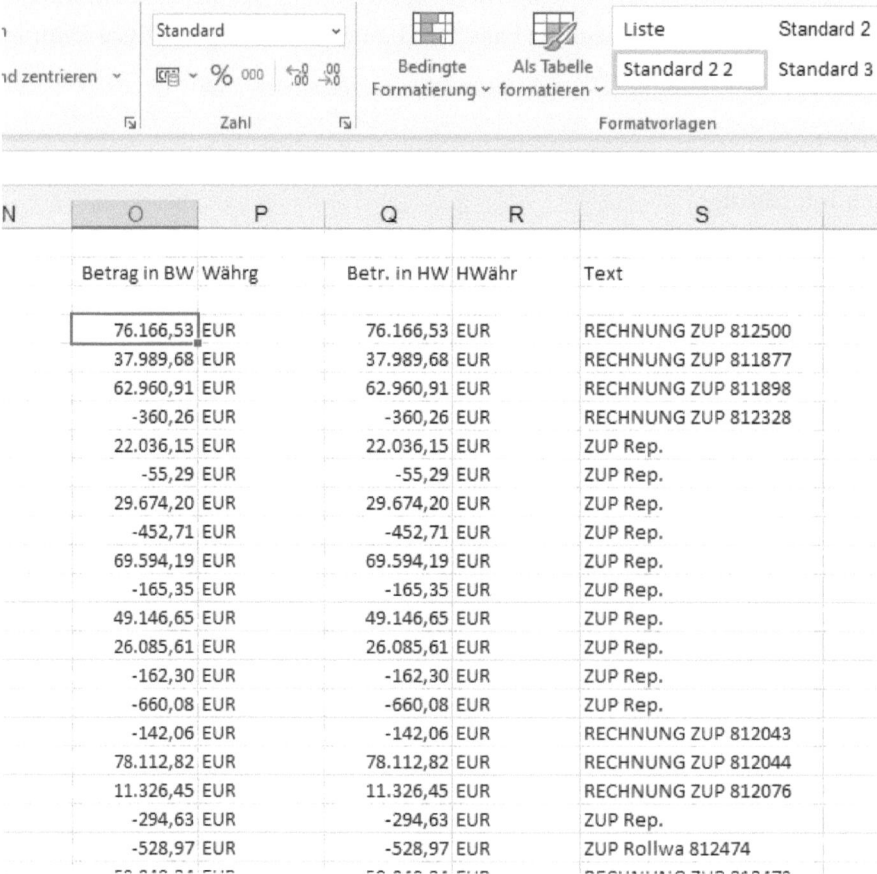

Sieht aus wie Zahl, ist aber Text.

Ich habe für dieses Problem folgende Lösungen gefunden:

1. Wenn Sie Glück haben und das kleine grüne Dreieck sehen zur Fehlerüberprüfung, können Sie darüber die Texte in Zahlen zurückkonvertieren.

76.166,53 EUR	76.166,53 EUR	RECHNUNG ZU	
37.989,68 EUR	37.989,68 EUR	RECHNUNG ZU	

Die Zahl in dieser Zelle ist als Text formatiert oder es ist ein Apostroph vorangestellt.

2. Wenn Sie nur einige wenige Zellen haben, können Sie auf die Zelle einen Doppelklick machen (oder mit [F2] die Zelle editieren und anschließend wieder mit [Enter] beenden. Dann „greift" sich Excel das korrekte Zahlenformat.

3. Sie können in einer Hilfsspalte daneben den Wert der Zelle mit 1 multiplizieren (=O2*1). Die Formel herunterziehen, kopieren und die Inhalte als Werte einfügen.

4. Das Gleiche erledigt auch die Funktion =WERT

5. Oder auch der Rechenoperator -- (also zwei Mal das Minuszeichen)

6. Oder Sie markieren die Spalten und verwenden den Assistenten „Text in Spalten", den Sie im Register „Daten" finden. Geben Sie dort ein absurdes Trennzeichen ein (beispielsweise eine ~); ein Trennzeichen, das es natürlich in den Zahlen nicht gibt. Dann überschreibt er die Werte mit sich selbst und „greift sich" das korrekte, das heißt das darunterliegende Zahlenformat.

7. Die Zahl 1 in eine leere Zelle schreiben. Die Zelle kopieren, den Text-Zahl-Bereich markieren und mit Inhalten einfügen / Multiplizieren (Kontextmenü) „darüber klatschen". Das Ergebnis ist das Gleiche wie in Punkt 2 oder 3 oder 5 – Excel greift sich nun das korrekte Zahlenformat.

Betrag in BW	Währg	Betr. in HW	HWähr	Text	
76.166,53	EUR	76.166,53	EUR	RECHNUNG ZUP 812500	1
37.989,68	EUR	37.989,68	EUR	RECHNUNG ZUP 811877	
62.960,91	EUR	62.960,91	EUR	RECHNUNG ZUP 811898	
-36					
22.03					
-5					
29.67					
-45					
69.59					
-16					
49.14					
26.08					
-16					
-66					
-14					
78.11					
11.32					
-29					
-52					
59.040,24	EUR	59.040,24	EUR	RECHNUNG ZUP 812473	
43.819,33	EUR	43.819,33	EUR	ZUP Rep.	
-266,25	EUR	-266,25	EUR	ZUP Rep.	
38.363,30	EUR	38.363,30	EUR	ZUP Rep.	
36.142,31	EUR	36.142,31	EUR	ZUP Rep.	
47.426,92	EUR	47.426,92	EUR	ZUP Rep.	
-70,91	EUR	-70,91	EUR	ZUP Rep.	
67.642,89	EUR	67.642,89	EUR	RECHNUNG ZUP 812577	
24.197,44	EUR	24.197,44	EUR	RECHNUNG ZUP 812564	

Inhalte einfügen ? ✕

Einfügen

- ◉ Alles
- ○ Formeln
- ○ Werte
- ○ Formate
- ○ Kommentare und Notizen
- ○ Gültigkeit

- ○ Alles mit Quelldesign
- ○ Alles außer Rahmen
- ○ Spaltenbreite
- ○ Formeln und Zahlenformate
- ○ Werte und Zahlenformate
- ○ Alle zusammenführenden bedingten Formate

Vorgang

- ○ Keine
- ○ Addieren
- ○ Subtrahieren

- ◉ Multiplizieren
- ○ Dividieren

☐ Leerzellen überspringen   ☐ Transponieren

Verknüpfen   OK   Abbrechen

Zur Ehrenrettung von SAP sei angemerkt: Viele mir bekannte Datenbanksysteme, die da heißen DATEV, KISS, ORBIS, EBIS und andere „schieben" manchmal (nicht immer!) Textformate unter Zahlen beim Export nach Excel.

Das kann man übrigens leicht simulieren: Ein Makro wie:

```
Sub MacheTextAusZahl()
    Dim s As String
    s = InputBox("Bitte geben Sie eine Zahl ein!")
    ActiveCell.Value = s
End Sub
```

Wandelt die Zahl 17,5 in den Text „17,5" um.

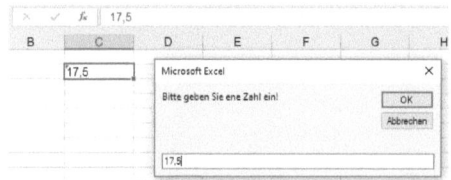

7.13 Prozent

Immer wieder erlebe ich in Schulung, dass Teilnehmer 0,19 schreiben und dann als Prozent formatieren. Wenn ich erstaunt nachfrage und darauf hinweise, dass man auch 19% schreiben könne, sind einige verblüfft. Oder 16% oder 20% …

Das Prozentformat ist dafür gedacht einen Quotienten nicht als Dezimalzahl, sondern als Prozentzahl dazustellen.

Hinweis

die Option „Automatische Prozenteingabe aktivieren" bewirkt, dass in Zellen, die mit dem Prozentformat formatiert sind, das Prozentzeichen bei der Eingabe bereits vorgeschlagen wird.

Achtung

Und schließlich: Es ist bedauerlich, dass das Symbol "%" eine Prozentzahl ohne Nachkommastellen formatiert; das Zahlenformat "Prozent" aus dem Kombinationsfeld jedoch mit zwei Dezimalstellen.

F2	▼	:	× ✓	fx	=[@[Fläche in km²]]/Länder_Europas[[#Ergebnisse];[Fläche in km²]]

▲	A	B	C	D	E	F
1	Land[Ä 1] EU-Länder sind hellblau unterlegt ▼	Hauptstadt ▼	Einwohne▼	Einwohner pro km²[1▼	Fläche in km² ▼	Fläche in % ▼
2	Albanien	Tirana	2.930.187	106,9	28.748	0,29%
3	Andorra	Andorra la Vella	76.965	163,8	468	0,00%
4	Belgien	Brüssel	11.429.336	377,5	32.545	0,32%
5	Bosnien und Herzegowina	Sarajevo	3.507.017	68,8	51.129	0,51%
6	Bulgarien	Sofia	7.084.571	65,3	110.994	1,11%
7	Dänemark	Kopenhagen	5.733.551	135,1	43.098	0,43%
8	Deutschland	Berlin	82.114.224	235,6	357.121	3,56%
9	Estland	Tallinn	1.309.632	30,9	45.227	0,45%
10	Finnland	Helsinki	5.523.231	18,2	338.144	3,37%
11	Frankreich	Paris	64.979.548	118,7	543.965	5,42%
12	Griechenland	Athen	11.159.773	86,6	131.957	1,32%
13	Irland	Dublin	4.761.657	69,1	70.273	0,70%
14	Island	Reykjavík	335.025	3,3	103.000	1,03%
15	Italien	Rom	59.359.900	201,8	301.336	3,00%
16	Kasachstan	Nur-Sultan	480.000	3,3	146.700	1,46%
17	Kosovo	Pristina	1.907.592	151	10.887	0,11%
18	Kroatien	Zagreb	4.189.353	74,9	56.542	0,56%
19	Lettland	Riga	1.949.670	31,3	64.589	0,64%
20	Liechtenstein	Vaduz	37.922	237	160	0,00%
21	Litauen	Vilnius	2.890.297	46,1	65.301	0,65%
22	Luxemburg	Luxemburg	583.455	225,3	2.586	0,03%
23	Malta	Valletta	430.835	1346,4	316	0,00%
24	Republik Moldau	Chişinău	4.051.212	123,3	33.800	0,34%
25	Monaco	(Stadtstaat)	38.695	25969,8	2	0,00%
26	Montenegro	Podgorica	628.960	46,8	13.812	0,14%
27	Niederlande	Amsterdam	17.035.938	505,2	41.526	0,41%
28	Nordmazedonien	Skopje	2.083.160	82,6	25.713	0,26%
29	Norwegen	Oslo	5.305.383	14,5	323.759	3,23%
30	Österreich	Wien	8.823.054	106	83.879	0,84%
31	Polen	Warschau	38.170.712	124,6	312.685	3,12%
32	Portugal	Lissabon	10.329.506	112,8	92.345	0,92%
33	Rumänien	Bukarest	19.879.306	85,5	238.391	2,38%
34	Russland	Moskau	104.000.000	26,3	3.955.800	39,44%
35	San Marino	San Marino	33.400	558,7	61	0,00%
36	Schweden	Stockholm	9.910.701	24,2	449.964	4,49%
37	Schweiz	Bern	8.476.005	214,5	41.285	0,41%
38	Serbien	Belgrad	7.058.322	91,1	88.361	0,88%
39	Slowakei	Bratislava	5.447.662	113,3	49.034	0,49%
40	Slowenien	Ljubljana	2.079.976	103,3	20.253	0,20%
41	Spanien	Madrid	46.354.321	92,9	504.645	5,03%
42	Tschechien	Prag	10.618.303	137,5	78.886	0,79%
43	Türkei	Ankara	9.799.745	419,1	23.384	0,23%
44	Ukraine	Kiew	44.222.947	76,3	603.700	6,02%
45	Ungarn	Budapest	9.721.559	107,4	93.030	0,93%
46	Vatikanstadt	(Stadtstaat)	792	1800	0	0,00%
47	Vereinigtes Königreich	London	66.181.585	272,6	242.910	2,42%

7.14 Wissenschaft

Trägt man in Excel „sehr große" oder „sehr kleine" Zahlen ein, beispielsweise die Länge eines Lichtjahres in Metern, also 9.460.730.472.580.800, wandelt Excel diese Zahl im Standardformat um in: 9,46073E+15. Wenn Sie die Lichtgeschwindigkeit in m/s angeben, also 299.792.458, könnte man auch 2,99E+08 eingeben. Excel wandelt ab der zwölften Stelle in das Zahlenformat „Wissenschaft" um.

Probleme treten dann auf, wenn Textzahlenkombinationen mit einem „E", beispielsweise Gennamen importiert werden:

Clone·ID:·2310009E13,·(FANTOM·3)·Sequence·ID:·23753,·Rearray·ID:·ZX00130K08,·DDBJ·
Accession·in·HTC·:·AK019078,·DDBJ·Accessions·in·EST·:·AV084947,·(FANTOM·2)·Sequence·ID:·
23753,·(FANTOM·1)·Sequence·ID:·23753,·MGI·Clone·Accession:·MGI:1912336,·MGI·Marker·
Accession:·MGI:1914582↵

(DNA·seq·[Table]·/·AA·seq·/·SeqQual)·/Menu/Option/RIKEN/NTTSOFT·|·Order·this·clone¶

Library·information¶

TS:·stage28,·Dev.stage:·adult,·Strain:·C57BL/6J,·Sex:·male,·Tissue:·tongue,·EMAP·name:·tongue·¶

Tentative·clustering·(TK:mm5)¶

TK·ID:·99507·,·#·of·transcript(s):·6·¶

Representative¤	3300001O07¤	¤	¤	¤	¤	¤
Other·Member(s)¤	8430422N14·¤	1500032G08¤	1700043E15¤	B830002E03¤	2310009E13¤	¤
External·sequences¤	GB|BC011510¤					¤

Tentative·clustering·(TU:mm5)¶

TU·ID:·99507·,·#·of·transcript(s):·6·¶

Representative¤	3300001O07¤	¤	¤	¤	¤	¤
Other·Member(s)¤	8430422N14·¤	1500032G08¤	1700043E15¤	B830002E03¤	2310009E13¤	¤
External·sequences¤	GB|BC011510¤					¤

MGI·Assignment¶

MGI·annotation·(July·2004)¤	MGI·ID¤	MGI·Gene·Symbol¤	MGI·Gene·Name¤	¤
¤	MGD|MGI:1925629¤	2310009E13Rik¤	RIKEN·cDNA·2310009E13·gene¤	¤

	A	B	C	D	E	F	G
1	Clone ID: 2310009E13, (FANTOM 3) Sequence ID: 23753, Rearray ID: ZX00130K08, DDBJ Accessio						
2	(DNA seq [Table] / AA seq / SeqQual) /Menu/Option/RIKEN/NTTSOFT	Order this clone						
3	Library information						
4	TS: stage28, Dev.stage: adult, Strain: C57BL/6J, Sex: male, Tissue: tongue, EMAP name: tongue						
5	Tentative clustering (TK:mm5)						
6	TK ID: 99507 , # of transcript(s): 6						
7	Representativ e	3300001O07					
8	Other Member(s)	8430422N14	1500032G08	1,70E+21	B830002E03	2,31E+19	
9	External sequences	GB|BC011510					
10	Tentative clustering (TU:mm5)						
11	TU ID: 99507 , # of transcript(s): 6						
12	Representativ e	3300001O07					
13	Other Member(s)	8430422N14	1500032G08	1,70E+21	B830002E03	2,31E+19	
14	External sequences	GB|BC011510					
15	MGI Assignment						
16	MGI annotation (July 2004)	MGI ID	MGI Gene Symbol	MGI Gene Name			
17		MGD|MGI:192 5629	2310009E13R ik	RIKEN cDNA 2310009E13 gene			

Die Genforschung hat sich deshalb überlegt, einige Gennamen umzubenennen:

https://www.spiegel.de/netzwelt/web/fuer-microsoft-excel-forscher-be-
nennen-menschliche-gene-um-a-0d80a025-85af-4652-ace1-e29bb96109f1

7.15 Boolesche Werte (WAHR, FALSCH)

Anders als openOffice oder libreOffice Calc hat Excel kein eigenes Format für Wahrheitswerte. Obwohl Wahrheitswerte in Excel einen eigenen Datentyp (neben Text und Zahl) darstellen, was man mit ISTLOG überprüfen kann, stellt Excel kein Zahlenformat dafür zur Verfügung.

In Excel liefert =ISTZAHL(WAHR) FALSCH, in Calc wird WAHR daraus.

Das kann allerdings dazu führen, dass in Calc in einer Tabelle ungewollt Zahlen als WAHR dargestellt werden.

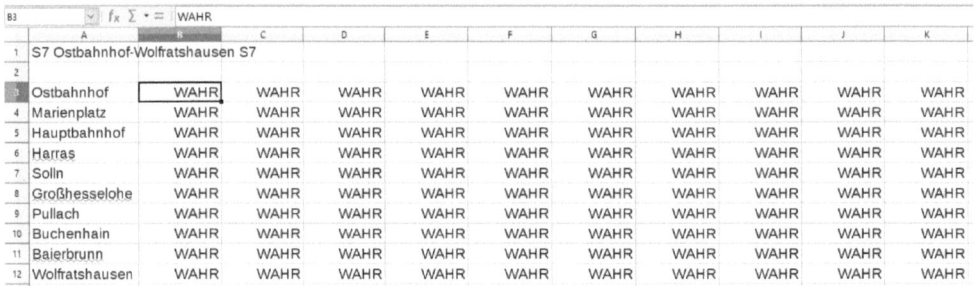

7.16 Man spricht Deutsch – Unterschiede Deutschland und Österreich und Schweiz

Einige kleine Differenzen gibt es bei den Zahlenformaten. Das Datum des ersten Monats im Jahr wird in Österreich mit dem Format MMMM als Jänner angezeigt, in Deutschland und der Schweiz als Januar.

Das Tausendertrennzeichen lautet in der Schweiz ', also: 1'234 in Deutschland und Österreich ., also: 1.234 Das bedeutet: das Zahlenformat

#..,# "Mio."

funktioniert in der Schweiz nicht – dort muss es

#'',# "Mio."

lauten.

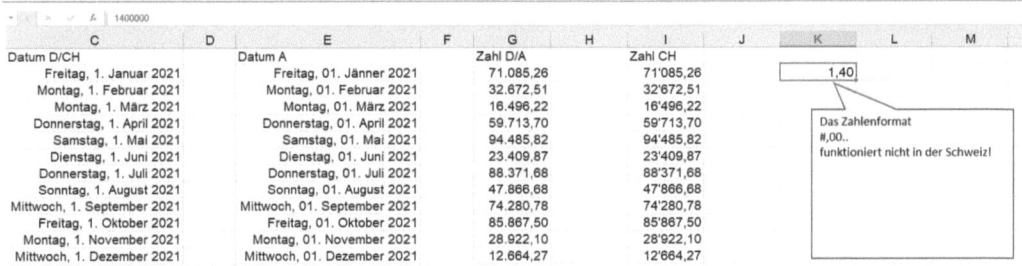

C	D	E	F	G	H	I	J	K	L	M
Datum D/CH		Datum A		Zahl D/A		Zahl CH				
Freitag, 1. Januar 2021		Freitag, 01. Jänner 2021		71.085,26		71'085,26		1,40		
Montag, 1. Februar 2021		Montag, 01. Februar 2021		32.672,51		32'672,51				
Montag, 1. März 2021		Montag, 01. März 2021		16.496,22		16'496,22				
Donnerstag, 1. April 2021		Donnerstag, 01. April 2021		59.713,70		59'713,70		Das Zahlenformat		
Samstag, 1. Mai 2021		Samstag, 01. Mai 2021		94.485,82		94'485,82		#,00..		
Dienstag, 1. Juni 2021		Dienstag, 01. Juni 2021		23.409,87		23'409,87		funktioniert nicht in der Schweiz!		
Donnerstag, 1. Juli 2021		Donnerstag, 01. Juli 2021		88.371,68		88'371,68				
Sonntag, 1. August 2021		Sonntag, 01. August 2021		47.866,68		47'866,68				
Mittwoch, 1. September 2021		Mittwoch, 01. September 2021		74.280,78		74'280,78				
Freitag, 1. Oktober 2021		Freitag, 01. Oktober 2021		85.867,50		85'867,50				
Montag, 1. November 2021		Montag, 01. November 2021		28.922,10		28'922,10				
Mittwoch, 1. Dezember 2021		Mittwoch, 01. Dezember 2021		12.664,27		12'664,27				

7.17 Excel formatiert „automatisch"

Achtung ist bei „gemischten" Zahlenformaten geboten. Stehen drei Zahlen direkt untereinander, die in der gleichen Art formatiert sind, also beispielsweise als Währung, dann wird jede Zahl, die darunter eingegeben wird, automatisch in dasselbe Format übertragen. Dies kann bei Währungsangaben oder bestimmten Zahlenformaten hilfreich sein, aber bei drei Datumsangaben, unter denen sich eine Zahl befinden soll, im ersten Moment irritieren.

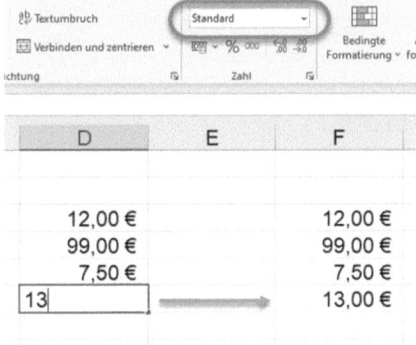

Hinweis
Diese Option kann über die Optionen | Erweitert | Optionen bearbeiten über „Datenbereichsformate und -formeln erweitern" deaktiviert werden.

8

8 LET, LAMBDA & co

Excelstammtisch vom 11.01.2022

8.1 Neue Formeln zum Abkürzen

Bis Excel 2003 musste man Fehler, beispielsweise bei einem SVERWEIS

`=SVERWEIS(D2;A2:B13;2;FALSCH)`

folgendermaßen abfangen:

`=WENN(ISTFEHLER(SVERWEIS(D2;A2:B13;2;FALSCH));"";`
`SVERWEIS(D2;A2:B13;2;FALSCH))`

Dadurch wird die eigentliche Funktion zwei Mal verwendet, was bei langen Funktionen sehr mühsam sein konnte.

In Excel 2007 wurde WENNFEHLER eingeführt:

`=WENNFEHLER(SVERWEIS(D2;A2:B13;2;FALSCH);"")`

Das kürzte die Länge der Funktionen enorm ab.

8.2 LET

Die Funktion LET, die in ihrer Anfangszeit einige andere Namen (beispielsweise SEI) erhalten hat, bestreitet den gleichen Weg:

Funktionen, die mehrmals verwendet werden, können ausgelagert werden. Ein Beispiel:

`=ZELLE("dateiname")`

Liefert den Dateinamen. Beispielsweise

```
D:\Eigene Dateien\Excel\Excelstammtisch\
Excelgimmick20_LET_LAMDA_co\
Fertig\[LET01.xlsx]WENNFEHLER
```

Steht diese Funktion in A1 kann mit

```
=SUCHEN("[";A1)
```

Das „[" gefunden werden. Der Pfad wird herausgelöst mit:

```
=LINKS(A1;A2-1)
```

Oder in einer Formel:

```
=LINKS(ZELLE("dateiname");
SUCHEN("[";ZELLE("dateiname"))-1)
```

Darin wird allerdings zwei Mal die Funktion

```
ZELLE("dateiname")
```

Verwendet. LET hilft nun dabei sie unter einem (Variablen-)namen zu speichern (hier: lautet der Name DN):

```
=LET(DN;ZELLE("dateiname"); …
```

Dann kann dieser Name verwendet werden:

```
=LET(DN;ZELLE("dateiname");LINKS(DN;SUCHEN("[";DN)-1))
```

Hinweis
Der Name der Variablen (hier: DN) darf nicht in Anführungszeichen stehen!

8.2.1 Beispiel I für LET: ISBN

Der Nummernraum der ISBN besteht heute aus 13 Ziffern; früher war er 10-stellig; die zehnte Ziffer war die Prüfziffer ist. Jedoch gab es in Osteuropa und im englischen Sprachraum Schwierigkeiten, für neue Verlage und Publikationen Nummern zu finden. Anfang 2005 wurde die erweiterte 13-stellige ISBN (EAN-13, International Article Number, früher: European Article Number) eingeführt. Im Impressum stehen die ISBN-10 und ISBN-13 gleichberechtigt nebeneinander. Ab 1. Januar 2007 ist die Angabe der ISBN-13 Pflicht und die ISBN-10 könnte entfallen. Normalerweise werden jedoch beide Nummern genannt.

Die Prüfziffer der „alten" ISBN-10-Zahl wird folgendermaßen berechnet.

Die ISBN-10 eines Buches lautet: 3-7460-6487-2. Dort werden die ersten neun Ziffern mit 1, mit 2, mit 3, … mit 9 multipliziert, also:

$3 \times 1 + 7 \times 2 + 4 \times 3 + 6 \times 4 + 0 \times 6 + 6 \times 4 + 4 \times 7 + 8 \times 8 + 7 \times 9$

Das Ergebnis: 244. Von dieser Zahl wird mod 11 berechnet – also REST(244;11). Das Ergebnis ist 2. Dies ist die Prüfziffer. Wäre das Ergebnis 10 (wie beispielsweise in 3-7392-3167-X), dann wird ein „X" verwendet – das römische Zeichen für 10. Steht diese ISBN in der Zelle A1, dann könnte beispielsweise die folgende Formel die Prüfziffer berechnen:

```
=WENN(REST(TEIL(A1;1;1)*1+TEIL(A1;2;1)*2+TEIL(A1;3;1)*3+
TEIL(A1;4;1)*4+TEIL(A1;5;1)*5+TEIL(A1;6;1)*6+TEIL(A1;7;1)*7+
TEIL(A1;8;1)*8+TEIL(A1;9;1)*9;11)=10;"X";
REST(TEIL(A1;1;1)*1+TEIL(A1;2;1)*2+TEIL(A1;3;1)*3+
TEIL(A1;4;1)*4+TEIL(A1;5;1)*5+TEIL(A1;6;1)*6+
TEIL(A1;7;1)*7+TEIL(A1;8;1)*8+TEIL(A1;9;1)*9;11))
```

Prüfen Sie selbst: bei 374318254 lautet die Prüfziffer 8 und bei 373921742 und 373922984 sind es 1 beziehungsweise 5.

Man könnte auch diese Prüfziffernberechnung mit einer Matrixfunktion lösen:

```
{=WENN(REST(SUMME(TEIL(A1;ZEILE(BEREICH.VERSCHIEBEN
(B1;0;0;9;1));1)*ZEILE(BEREICH.VERSCHIEBEN
(B1;0;0;9;1)));11)=10;"X";REST(SUMME(TEIL(A1;ZEILE
(BEREICH.VERSCHIEBEN(B1;0;0;9;1));1)*ZEILE(
BEREICH.VERSCHIEBEN(B1;0;0;9;1)));11))}
```

Oder mit der neuen Arrayfunktion SEQUENZ:

```
=WENN(REST(SUMME(TEIL(A1;SEQUENZ(9);1)
*SEQUENZ(9));11)=10;"x";
REST(SUMME(TEIL(A1;SEQUENZ(9);1)*SEQUENZ(9));11))
```

Hinweis

Auch in anderen Bereichen finden sich Prüfziffern, beispielsweise bei Kontonummern.

Allerdings: egal auf welche Art man die ISBN berechnet – man muss zwei Mal TEIL(A1 … ermitteln. Diesen kann man auslagern. Im ersten Schritt kann man die Funktion mit LET „ummanteln":

```
=LET(T;TEIL(A3;SEQUENZ(9);1);
WENN(REST(SUMME(TEIL(A3;SEQUENZ(9);1)*SEQUENZ(9));11)=10;"x";
REST(SUMME(TEIL(A3;SEQUENZ(9);1)*SEQUENZ(9));11)))
```

Dann werden die Teile ersetzt:

```
=LET(T;TEIL(A3;SEQUENZ(9);1);WENN(REST(SUMME(T*SE-
QUENZ(9));11)=10;"x";
REST(SUMME(T*SEQUENZ(9));11)))
```

Selbstverständlich kann man auch SEQUENZ auslagern:

```
=LET(T;TEIL(A3;SEQUENZ(9);1);S;SEQUENZ(9);
WENN(REST(SUMME(T*S);11)=10;"x";REST(SUMME(T*S);11)))
```

Will man im T-Teil die Sequenz(9) durch S ersetzen, muss man S und T vertauschen:

```
=LET(S;SEQUENZ(9);T;TEIL(A3;S;1);
WENN(REST(SUMME(T*S);11)=10;"x";REST(SUMME(T*S);11)))
```

Oder noch kürzer: REST(SUMME(T*S);11) wird durch R ersetzt:

```
=LET(S;SEQUENZ(9);T;TEIL(A3;S;1);R;REST(SUMME(T*S);11);
WENN(R=10;"x";R))
```

8.2.2 Beispiel II: Schritt für Schritt Teile auslagern:

Eine Funktion berechnet – ausgehend von einer Jahreszahl, die in der Zelle A1 steht, die Kalenderwoche 1, 2, 3, …:

```
=TEXT(DATUM($A$1;1;WENN(WOCHENTAG(DATUM($A$1;1;1);2)<=4;1;
9-WOCHENTAG(DATUM($A$1;1;1);2)))+
(ZEILE()-1)*7;"TT.MM.JJJJ")&" - "&
TEXT(DATUM($A$1;1;WENN(WOCHENTAG(DATUM($A$1;1;1);2)<=4;1;
9-WOCHENTAG(DATUM($A$1;1;1);2)))+(ZEILE()-1)*7+
WENN(WOCHENTAG(DATUM($A$1;1;
WENN(WOCHENTAG(DATUM($A$1;1;1);2)<=4;1;
9-WOCHENTAG(DATUM($A$1;1;1);2)))+(ZEILE()-1)*7)=1;7;
7-WOCHENTAG(DATUM($A$1;1;
WENN(WOCHENTAG(DATUM($A$1;1;1);2)<=4;1;
9-WOCHENTAG(DATUM($A$1;1;1);2)))+
(ZEILE()-1)*7;2));"TT.MM.JJJJ")
```

Nun kann man auf „W" auslagern: WOCHENTAG(DATUM($A$1;1;1);2)

Auf WW: DATUM($A$1;1;WENN(W<=4;1;9-W))

Auf Z: WW+(ZEILE()-1)*7

Und schreiben:

```
=LET(W;WOCHENTAG(DATUM($A$1;1;1);2);
WW;DATUM($A$1;1;WENN(W<=4;1;9-W));
Z;WW+(ZEILE()-1)*7;
TEXT(Z;"TT.MM.JJJJ")&" - "&
TEXT(Z+WENN(WOCHENTAG(Z)=1;7;7
-WOCHENTAG(Z;2));"TT.MM.JJJJ"))
```

8.2.3 Beispiel III: Ostern

Bedauerlicherweise hat Excel keine Funktion zur Berechnung des Ostersonntags. Dies ist deshalb bedauerlich, weil eine Reihe von Feiertagen aufgrund des Osterfestes berechnet werden. Auf dem Konzil zu Nicäa wurde im Jahre 325 festgelegt, dass Ostersonntag der erste Sonntag nach dem ersten Vollmond an oder nach dem Frühlingsanfang sein solle.

Für den julianischen Kalender ermittelte Gauß die folgende Formel zur Berechnung des Ostersonntages im julianischen Jahr J:

$a = J-1900$

$b = a \bmod 19$

$c = \text{Abrunden}((7 \times b + 1)/19;0)$

$d = 11 \times b + 4 - c \bmod 29$

$e = \text{Abrunden}(a / 4;0)$

$f = a + e + 31 - d \bmod 7$

Ostersonntag ist der 25-d-f.te April.

	A	B	C	D	E	F	G	H	I
1	Jahr	2018	2019	2020	2021	2022	2023	2024	
2	a	118	119	120	121	122	123	124	=H1-1900
3	b	4	5	6	7	8	9	10	=REST(H2;19)
4	c	1	1	2	2	3	3	3	=QUOTIENT(7*H3+1;19)
5	d	18	0	10	21	2	13	24	=REST(11*H3+4-H4;29)
6	e	29	29	30	30	30	30	31	=QUOTIENT(H2;4)
7	f	6	4	3	0	6	3	1	=REST(H2+H6+31-H5;7)
8	Ostern	01.04.2018	21.04.2019	12.04.2020	04.04.2021	17.04.2022	09.04.2023	31.03.2024	=DATUM(H1;4;25-H5-H7)

Das heißt, in Excel könnte man diese Formel (für die Jahre 1999 bis 2099) folgendermaßen anwenden:

```
=DATUM(B1;4;25-REST(11*REST(B1-1900;19)+4-
ABRUNDEN((7*REST(B1-1900;19)+1)/19;0);29)
-REST(B1-1900+ABRUNDEN((B1-1900)/4;0)+31
-REST(11*REST(B1-1900;19)+4-
ABRUNDEN((7*REST(B1-1900;19)+1)/19;0);29);7))
```

Oder man lagert die Teile in die Variablen a, b, c, d, e und f aus:

```
=LET(a;B1-1900;b;REST(a;19);c;ABRUNDEN((7*b+1)/19;0);
d;REST(11*b+4-c;29);e;ABRUNDEN((a)/4;0);f;REST(a+e+31-d;7);
DATUM(B1;4;25-d-f))
```

8.2.4 Beispiel IV: Zahlen in Texte

Ein hübsches und beeindruckendes (spanisches Beispiel) habe ich im Internet gefunden:

```
=LET(importe;A1;
QMillones;WENN(importe>999999;GANZZAHL(importe/1000000));
QMiles;WENN(importe>999;GANZZAHL(importe/1000)-QMillones*1000);
QCentenas;importe-GANZZAHL(importe/1000)*1000;
QEntera;GANZZAHL(importe);
QDecimal;RUNDEN((importe-GANZZAHL(importe))*100;0);

centfin;WENN(QDecimal=1;" céntimo";" céntimos");
eurfin;WENN(QEntera=1;" euro";" euros");

matriz;WAHL({1;2;3;4};QMillones;QMiles;QCentenas;QDecimal);
calculo;LET(
centena2;GANZZAHL(matriz/100);
decena2;GANZZAHL((matriz-centena2*100)/10);
unidad2;GANZZAHL((matriz-centena2*100-decena2*10));

centenas;{""."cien"."doscientos"."trescientos".
"cuatrocientos"."quinientos"."seiscientos"."setecientos".
"ochocientos"."novecientos"};decenas;{""." diez"." veinte".
" treinta"." cuarenta"." cincuenta"." sesenta"." setenta"."
ochenta"." noventa"};unidades;{""." un"." dos"." tres".
" cuatro"." cinco"." seis"." siete"." ocho"." nueve"};
dieces;{"diez"."once"."doce"."trece"."catorce"."quince".
```

```
"dieciseis"."diecisiete"."dieciocho"."diecinueve"};
veintes;{"veinte"."veintiuno"."veintidos"."veintitres".
"veinticuatro"."veinticinco"."veintiseis"."veintisiete".
"veintiocho"."veintinueve"};tatantos;{""." y un"." y dos".
" y tres"." y cuatro"." y cinco"." y seis"." y siete".
" y ocho"." y nueve"};

num_letra1;INDEX(centenas;1;centena2+1);
num_letra2;WENN(centena2=1;num_letra1&"to";num_letra1);
num_letra3;num_letra2&INDEX(decenas;1;decena2+1);
num_letra4;WENN(decena2=0;INDEX(unidades;1;unidad2+1);"");
num_letra5;WENN(decena2=1;TEIL(num_letra3;1;
LÄNGE(num_letra3)-4)&INDEX(dieces;1;unidad2+1);"");
num_letra6;WENN(decena2=2;TEIL(num_letra3;1;
LÄNGE(num_letra3)-6)&INDEX(veintes;1;unidad2+1);"");
num_letra7;WENN(decena2>2;INDEX(tatantos;1;unidad2+1);"");
num_letra8;WENN(decena2=1;num_letra5;WENN(decena2=2;
num_letra6;num_letra3&num_letra4&num_letra7));
WENN(matriz=100;"cien";num_letra8));

txtMillones;WENN(importe>999999;WENN(QMillones=1;
"un millón ";INDEX(calculo;1)&" millones ");"");
txtMil;WENN(importe>999;WENN(QMiles=1;"mil ";
WENN(QMiles=0;"";INDEX(calculo;2)&" mil "));"");
txtCent;WENN(QEntera=0;"";WENN(INDEX(calculo;3)="";"";
INDEX(calculo;3))&eurfin);
txtDecimal;WENN(INDEX(calculo;4)="";"";WENN(QEntera=0;"";
" con ")&INDEX(calculo;4)&centfin);

WENN(importe=0;"cero euros";
GLÄTTEN(txtMillones&txtMil&txtCent&txtDecimal)))
```

Auffällig an diesem Beispiel ist, dass eine der Variablen Bezug auf eine feste Zelle nimmt (A1) und dass LET mehrmals ineinander geschachtelt wurde.

8.3 LAMBDA

Einen Schritt weiter geht LAMBDA. Diese Funktion besteht aus mindestens zwei Teilen: Variablen und Funktionen. Beispielsweise soll die Differenz aus MAX und MIN berechnet werden:

```
=LAMBDA(Bereich;MAX(Bereich)-MIN(Bereich))
```

Man kann die Funktion testen:

```
=LAMBDA(Bereich;MAX(Bereich)-MIN(Bereich))(A1:A3)
```

Und diese Funktion im Namensmanager unter einem Namen speichern:

Und schließlich verwenden:

```
=Spannweite(A1:A3)
```

Hinweis

Zwar wird sie per Intellisense aufgelistet, zwar kann man sie über f_x anzeigen lassen, aber sie erscheint nicht im Funktionsassistenten.

Hinweis

Und: da diese Funktion lokal für diese Datei arbeitet, kann sie leider nicht global für Excel, das heißt für mehrere Arbeitsmappen zur Verfügung gestellt werden. Das bedeutet: Man kann sie weder als Add-In noch in der Personal.xslb speichern, um sie überall zur Verfügung zu stellen.

Lambda kann mehrere Parameter aufnehmen.

8.4 Rekursion in Lambda

Es gibt drei Möglichkeiten in Excel rekursiv zu rechnen:

1.) Aktiviert man in den Excel-Optionen in der Kategorie „Formeln" die iterative Berechnung, kann man berechnete Endwerte wieder als Startwerte verwenden, ohne dass es zu einem Zirkelbezug kommt. Dort wird die Anzahl der Schritt angeben – das Maximum liegt bei 10.000.

2.) Erstellt man in VBA eine Funktion, die sich selbst wieder aufruft, kann man diese Funktion von einer anderen Funktion aufrufen. Dabei muss ein Abbruchkriterium vorhanden sein!

3.) Es funktioniert auch mit der Funktion LAMBDA

Auf der Seite

https://www.ablebits.com/office-addins-blog/2021/06/16/write-recursive-lambda-function-excel/

beschreibt Svetlana Cheusheva wie man hierbei vorgehen kann:

In einer Zelle findet sich ein Text

Rene%&/()%&/()Bernd)(/&%)(/&%Martin

Der von folgenden Zeichen „befreit" werden soll:

%&/()

	A	B	C
1		Eingabetext	Zeichen
2		Rene%&/()%&/()Bernd)(/&%)(/&%Martin	%&/()
3	Löschen		

Die Funktion WECHELN löscht das erste Zeichen:

```
=WECHSELN(B2;LINKS(C2;1);"")
```

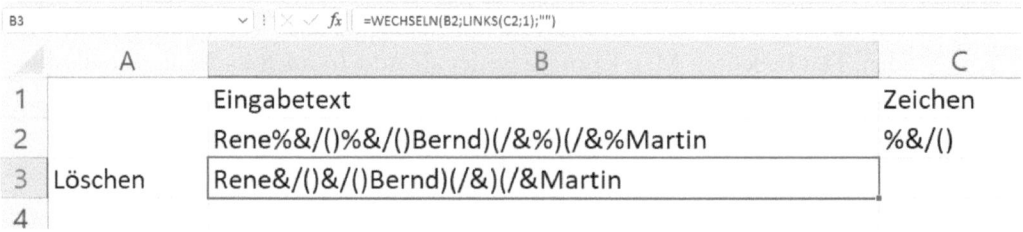

Das erste Zeichen wird „entnommen":

```
=RECHTS(C2;LÄNGE(C2)-1)
```

Das Ganze kann man herunterkopieren:

	A	B	C
1		Eingabetext	Zeichen
2		Rene%&/()%&/()Bernd)(/&%)(/&%Martin	%&/()
3	Löschen	Rene&/()&/()Bernd)(/&)(/&Martin	&/()
4		Rene/()/()Bernd)(/)(/Martin	/()
5		Rene()()Bernd)()(Martin	()
6		Rene))Bernd))Martin	)
7		ReneBerndMartin	
8		ReneBerndMartin	#WERT!
9		#WERT!	#WERT!
10		#WERT!	#WERT!

Die beiden Formeln lauten also:

`=WECHSELN(B2;LINKS(C2;1);"")` und `=RECHTS(C2;LÄNGE(C2)-1)`

Ersetzt man die Zellnamen durch Parameternamen können sie wie folgt lauten:

`WECHSELN(Eingabetext;LINKS(Zeichen;1);"")` und
`=RECHTS(Zeichen;LÄNGE(Zeichen)-1)`

Hinweis

Die Verwendung des Begriffs „Zeichen" ist nicht glücklich: ZEICHEN ist eine Funktion in Excel. ZEICHEN() wird als Funktion interpretiert, Zeichen ohne Klammer wird als Parameterwert interpretiert. Man sollte die Namen einheitlich wählen, beispielsweise mit einem Unterstrich beginnen: _Eingabezeichen und _Zeichen. So sind sie schnell zu finden und eindeutig.

Diese Berechnungen werden so lange aufgerufen, bis Zeichen="". Das ist unser Abbruchkriterium:

```
WENN(Zeichen="";Eingabetext;meinSÄUBERN(
WECHSELN(Eingabetext;LINKS(Zeichen;1);"")     und     =RECHTS(Zei-
chen;LÄNGE(Zeichen)-1))
```

Und LAMBDA macht das möglich:

```
=LAMBDA(Eingabetext;Zeichen;WENN(Zeichen="";Eingabetext;
meinSÄUBERN(WECHSELN(Eingabetext;
LINKS(Zeichen;1);"");RECHTS(Zeichen;LÄNGE(Zeichen)-1))))
```

Das Ergebnis ist eine Fehlermeldung #KALK

Kopiert man allerdings diese Funktion in den Namensassistenten und speichert sie unter dem Namen meinSÄUBERN ab, kann man sie verwenden:

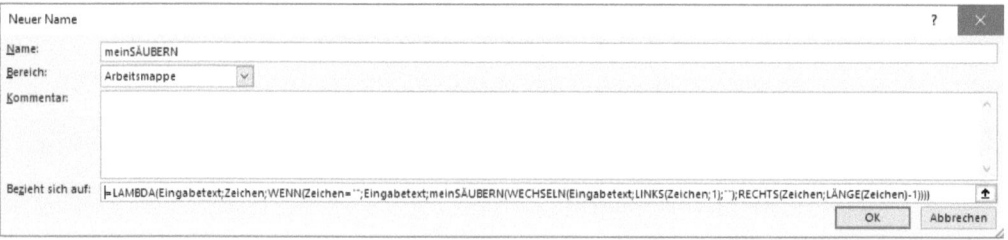

Das Ergebnis:

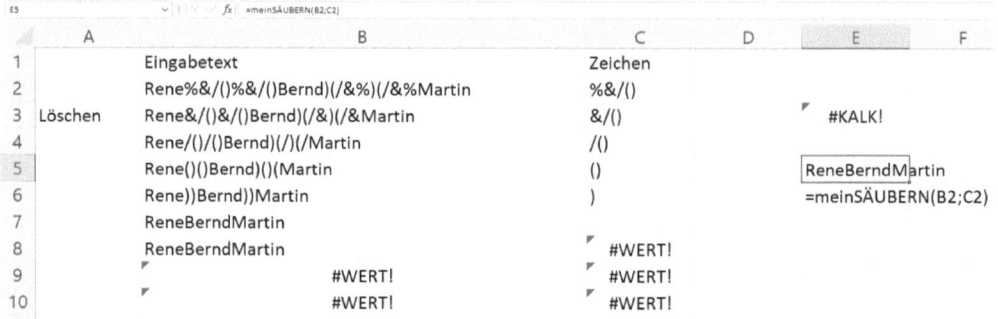

Oder so:

`=meinSÄUBERN(C2;H2)`

C	D	E	F	G	H

Excel nervt

8.5 Zwei Beispiele zum rekursiven Rechnen

8.5.1 Die Schnecke

Vor einer 4,50 Meter hohen Mauer sitzt eine Schnecke. Jeden Tag klettert diese Schnecke eine Höhe von 0,5 Meter hoch, jede Nacht rutscht sie 10 % der Gesamthöhe nach unten. Sie klettert also am ersten Tag von 0 Meter auf 0,5 Meter, um in der ersten Nacht um 10 % von 0,5 Meter, also um 0,05 Meter, hinunterzurutschen. Sie startet am nächsten Morgen auf einer Höhe von 0,45 Meter. Erschöpft erreicht sie am Abend darauf 0,95 Meter. In der folgenden Nacht rutscht sie um 10 % von 0,95 Meter, also um 0,095 Meter, auf 0,85 Meter. Von dort klettert sie auf 1,355 Meter, rutscht aber in der darauffolgenden Nacht auf 1,2195 Meter. Frage: Wie viele Tage muss die Schnecke klettern, wenn die Mauer eine Höhe von 4,5 Metern hat?

Tag	Morgenhöhe	Abendhöhe
Tag 1	0,00 m	0,50 m
Tag 2	0,45 m	0,95
Tag 3	0,855 m	1,355 m
Tag 4	...	

Da die Strecke, welche die Schnecke nachts herunterrutscht, in jeder Nacht größer ist als in der vorhergehenden, kann diese Aufgabe nicht im Kopf gelöst werden. In der ersten Nacht hat die Schnecke eine Höhe von 0,5 Meter erreicht. In der zweiten Nacht befindet sie sich auf $0,5 \times 0,9 + 0,5 = 0,95$. In der dritten Nacht beträgt ihre Höhe $(0,5 \times 0,9 + 0,5) \times 0,9 + 0,5$ oder $0,5 \times (1 + 0,9 + 0,9^2)$. Allgemein ist sie in der Nacht Nummer n auf $0,5 \times (1 + 0,9 + 0,9^2 + ... + 0,9^{n-1})$.

Für die Summe

$$q = a + aq + aq^2 + \cdots + aq^{n-2} + aq^{n-1}$$

gilt:

$$s_n = a \times \frac{1 - q^n}{1 - q}$$

Da q = 0,9 und a = 0,5 sind, lautet die Formel:

$$4,5 \leq 0,5 \times \frac{1 - 0,9^n}{1 - 0,9}$$

oder:

$$0,9^n \leq 0,1$$

Daraus folgt für n:

$$n \leq log_{0,9} 0,1 \approx 21,854$$

Also wird die Schnecke am 22. Tag die Mauer „bezwungen" haben.

Diese Aufgabe kann dagegen leicht in Excel gelöst werden. Eine Spalte dient zur Beschriftung der Tage, eine Zeile zur Beschriftung der Tageszeiten. In der ersten Spalte läuft ein Zähler.

Da die Schnecke bei 0 startet, wird dies in die erste Zelle eingetragen. In der Abendhöhe steht nun die Formel Morgenhöhe + 0,5 oder: B2 + 0,5.

SUMME	▾	:	✕	✓	f_x	=B2+0,5	

◢	A	B	C	D
1	Tage	Morgenhöhe	Abendhöhe	Nacht
2	Tag 1	0	=B2+0,5	
3	Tag 2			
4	Tag 3			
5	Tag 4			
6	Tag 5			
7	Tag 6			

Werden nun von dieser Zahl 10 % abgezogen, so darf nicht C2-10 % geschrieben werden! Dies führt unweigerlich zu einem Fehler, da 10 % gleichbedeutend ist mit 0,1. Vielmehr muss 10 % von C2 abgezogen werden, also:

`=C2-C2*10%`

Oder einfacher: Da uns nicht die Strecke interessiert, die unsere Schnecke herunterrutscht (die 10 %), sondern die Endhöhe (die 90 %), so kann diese auch ermittelt werden über:

`=C2*90%`

Man könnte die beiden Werte (10 % beziehungsweise 90 % und 0,5) auch auslagern, das heißt, in andere Zellen schreiben. Dann könnte man mit einem absoluten Bezug darauf zugreifen. Dies macht Sinn, wenn man alle möglichen Schnecken berechnen wollte.

Diese Morgenhöhe wird mit einem Bezug in die nächste Zeile übernommen.

Schließlich können alle drei Spalten heruntergezogen werden.

Nun braucht man nur noch nachzusehen, wann die 4,5 Meter überschritten sind. Aber in der Abendspalte, nicht in einer der Morgenspalten! Denn die Schnecke klettert von 4 auf 4,5 Meter hinauf und rutscht nicht von 5 auf 4,5 Meter herunter. Übrigens: Wäre die Mauer 5,0 Meter hoch, so würde unsere arme Schnecke nie oben ankommen!

| C23 | | ✗ ✓ *fx* | =B23+0,5 |

	A	B	C	D
1	Tage	Morgenhöhe	Abendhöhe	Nacht
2	Tag 1	0	0,5	0,45
3	Tag 2	0,45	0,95	0,855
4	Tag 3	0,855	1,355	1,2195
5	Tag 4	1,2195	1,7195	1,54755
6	Tag 5	1,54755	2,04755	1,842795
7	Tag 6	1,842795	2,342795	2,1085155
8	Tag 7	2,1085155	2,6085155	2,34766395
9	Tag 8	2,34766395	2,84766395	2,56289756
10	Tag 9	2,562897555	3,06289756	2,7566078
11	Tag 10	2,7566078	3,2566078	2,93094702
12	Tag 11	2,93094702	3,43094702	3,08785232
13	Tag 12	3,087852318	3,58785232	3,22906709
14	Tag 13	3,229067086	3,72906709	3,35616038
15	Tag 14	3,356160377	3,85616038	3,47054434
16	Tag 15	3,47054434	3,97054434	3,57348991
17	Tag 16	3,573489906	4,07348991	3,66614092
18	Tag 17	3,666140915	4,16614092	3,74952682
19	Tag 18	3,749526824	4,24952682	3,82457414
20	Tag 19	3,824574141	4,32457414	3,89211673
21	Tag 20	3,892116727	4,39211673	3,95290505
22	Tag 21	3,952905054	4,45290505	4,00761455
23	Tag 22	4,007614549	4,50761455	4,05685309
24	Tag 23	4,056853094	4,55685309	4,10116778

Die drei Formeln lauten also

=D2 und =B3+0,5 und =C3*0,9

Speichert man sie als LAMBDA, könnte die Formel wie folgt aussehen:

```
=LAMBDA(Tage;Morgenhöhe;Abendhöhe;
wenn(Abendhöhe>=4,5;Tage;
meineSchnecke(Tage+1;Abendhöhe*0,9;Morgenhöhe+0,5)))
```

Das Ergebnis von *=meineSchnecke(1;0;0)* liefert 44. Die korrekte Lösung dagegen lautet 22. Der Grund ist schnell gefunden: bei jedem Aufruf wird entweder die Morgenhöhe vergrößert und an die Abendhöhe übergeben oder umgekehrt die Abendhöhe verringert. Wir benötigen also nur die Hälfte der Schritte. Da die Abendhöhe von Interesse ist, muss man mit der Abendhöhe (also 0,5) beginnen:

```
=LAMBDA(Tage;Abendhöhe;WENN(Abendhöhe>=4,5;Tage;
meineSchnecke2(Tage+1;Abendhöhe*0,9+0,5)))
```

Und =meineSchnecke2(1;0,5) liefert das korrekte Ergebnis 22.

8.5.2 Beispiel 2: RMZ und KUMZINSZ

Ein Schuldenbetrag von 10.000 € soll in 10 Jahren, also in 120 Rückzahlungen zurückbezahlt werden. Bei einem Jahreszinssatz von 2,5% Liegt die monatliche Annuität bei 94,27 €

```
=RMZ(2,5%/12;120;-10000)
```

Insgesamt wurden hierfür

```
=KUMZINSZ(H3/12;120;H2;1;120;0)
```

Also 1.312,39 €, was man durch Markieren der Summenspalte leicht zeigen kann. Dies soll berechnet werden. Beispielsweise so:

```
=LAMBDA(

Monat;

Monatszähler;

Anfangskapital;

Annuität;

Zinssatz;

Zins;

wenn(Monat<=Monatszähler;Zins;meineKUMZinsen(

Monat;

Monatszähler+1;

Anfangskapital-Annuität+Anfangskapital*Zinssatz/12;

Annuität;

Zinssatz;

Zins+Anfangskapital*Zinssatz/12))
```

Und so liefert

J12			∨	:	× ✓	f_x	=meineKUMZinsen(120;1;H2;H4;H3;0)			

	A	B	C	D	E	F	G	H	I	J	K
1	Monat	Anfangsschulde	Zins	Annuität	Restschulden						
2	1	10000	20,8333333	73,4365684	9926,56343		Schulden	10000			1312,3882
3	2	9926,563432	20,6803405	73,5895612	9852,97387		Zins	2,50%			
4	3	9852,97387	20,5270289	73,7428728	9779,231		Annuität	94,27 €			
5	4	9779,230998	20,3733979	73,8965038	9705,33449						
6	5	9705,334494	20,2194469	74,0504548	9631,28404						
7	6	9631,284039	20,0651751	74,2047046	9557,07931			-1312,3882		⌐	#KALK!
8	7	9557,079312	19,9105819	74,3593198	9482,71999						
9	8	9482,719993	19,7556667	74,5142351	9408,20576						
10	9	9408,205757	19,6004287	74,669473	9333,53628						
11	10	9333,536284	19,4448673	74,8250344	9258,71125						
12	11	9258,71125	19,2889818	74,9809199	9183,73033					1312,19222	
13	12	9183,73033	19,1327715	75,1371302	9108,5932						
14	13	9108,5932	18,9762358	75,2936659	9033,29953						
15	14	9033,299534	18,819374	75,4505277	8957,84901						
16	15	8957,849006	18,6621854	75,6077163	8882,24129						
17	16	8882,24129	18,5046694	75,7652323	8806,47606						
18	17	8806,476058	18,3468251	75,9230766	8730,55298						
19	18	8730,552981	18,188652	76,0812497	8654,47173						
20	19	8654,471731	18,0301494	76,2397523	8578,23198						
21	20	8578,231979	17,8713166	76,3985851	8501,83339						
22	21	8501,833394	17,7121529	76,5577488	8425,27565						
23	22	8425,275645	17,5526576	76,7172441	8348,5584						
24	23	8348,558401	17,39283	76,8770717	8271,68133						
25	24	8271,68133	17,2326694	77,0372323	8194,6441						
26	25	8194,644097	17,0721752	77,1977265	8117,44637						
27	26	8117,446371	16,9113466	77,3585551	8040,08782						

=meineKUMZinsen(120;1;H2;H4;H3;0)

den Wert 1.312,19

8.6 WURDEAUSGELASSEN

Eigentlich sollte die Funktion WURDEAUSGELASSEN innerhalb von LAMBDA funktioniert. Mit ihrer Hilfe kann auf fehlende Parameter reagiert werden.

Michael Girvin zeigt in seinem Video

https://www.youtube.com/watch?v=Eb5sXiLhUd4

wie man mit LAMBDA die Funktion *PercentChange* erzeugen kann:

=LAMBDA(Start;End;End/Start-1)

Allerdings wird die englische Funktion ISOMMITTED ins Deutsche übersetzt mit WURDEAUSGELASSEN und funktioniert hier nicht mehr:

=LAMBDA(Start;End;WENNS(UND(WURDEAUSGELASSEN(Start);
WURDEAUSGELASSEN(End));"Enter Both Start and End Amounts";

```
WURDEAUSGELASSEN(Start);"Please Enter Start";
WURDEAUSGELASSEN(End);"Please Enter End";WAHR;
End/Start-1))(I4;J4)
```

8.7 Weitere Funktionen, die LAMBDA verwenden: MAP

Die Funktion MAP gibt ein Array zurück, das durch Zuordnung jedes Werts in den Arrays zu einem neuen Wert gebildet wird, indem eine LAMBDA angewendet wird, um einen neuen Wert zu erstellen.

So kann beispielsweise berechnet werden:

```
=MAP(B1:Q1;Ostersonntag)
```

	A	B	C	D	E	F	G	H	I	J	K	L	M	N	O	P	Q
1	Jahr	2014	2015	2016	2017	2018	2019	2020	2021	2022	2023	2024	2025	2026	2027	2028	2029
2	Ostersonnta	20.04.2014	05.04.2015	27.03.2016	16.04.2017	01.04.2018	21.04.2019	12.04.2020	04.04.2021	17.04.2022	09.04.2023	31.03.2024	20.04.2025	05.04.2026	28.03.2027	16.04.2028	01.04.2029
3	Karfreitag	18.04.2014	03.04.2015	25.03.2016	14.04.2017	30.03.2018	19.04.2019	10.04.2020	02.04.2021	15.04.2022	07.04.2023	29.03.2024	18.04.2025	03.04.2026	26.03.2027	14.04.2028	30.03.2029
4	Ostermonta	21.04.2014	06.04.2015	28.03.2016	17.04.2017	02.04.2018	22.04.2019	13.04.2020	05.04.2021	18.04.2022	10.04.2023	01.04.2024	21.04.2025	06.04.2026	29.03.2027	17.04.2028	02.04.2029
5	Christi Himm	29.05.2014	14.05.2015	05.05.2016	25.05.2017	10.05.2018	30.05.2019	21.05.2020	13.05.2021	26.05.2022	18.05.2023	09.05.2024	29.05.2025	14.05.2026	06.05.2027	25.05.2028	10.05.2029

8.8 NACHSPALTE und NACHZEILE

Analog arbeiten die beiden Funktionen NACHSPALTE und NACHZEILE. Sie liefern einen Bereich. Beispielsweise:

```
=NACHSPALTE(D3:L53;LAMBDA(Spalte;MITTELWERT(Spalte)))
```

Oder auch:

```
=NACHZEILE(B2:AA13;LAMBDA(Bereich;MEDIAN(Bereich)))
```

Da sich der Bereich nicht dynamisch vergrößert, bietet sich eine intelligente Tabelle an:

```
=NACHZEILE(tbl_Schularbeit;LAMBDA(Bereich;MEDIAN(Bereich)))
```

Hinweis

Leider wird kein Ergebnis im Funktionsassistenten angezeigt:

| Funktionsargumente | | | ? | ✕ |

NACHZEILE

| Array | tbl_Schularbeit | ⬆ | = {1,25.1,75.3.3,75.2,75.5,75.4.5,5.5,75.1. |
| Funktion | LAMBDA(Bereich;MEDIAN(Bereic | ⬆ | = #WERT! |

= {3,375;3,125;3,125;4,5;3,375;3,75;3,2...

Wendet eine Lambdafunktion auf jede Zeile an und gibt ein Array der Ergebnisse zurück.

Funktion ist eine Lambdafunktion, die aufgerufen wird, um das Array zu scannen. Die Lambdafunktion akzeptiert zwei Parameter: Akkumulator und Wert.

Formelergebnis = 3,375

Hilfe für diese Funktion   [OK]   [Abbrechen]

8.9 SCAN

Erinnern Sie sich an Reihen aus der Schulmathematik? Es geht um Summen von Zahlenfolgen, die einer Gesetzmäßigkeit genügen. Berechnet man beispielsweise

$$1 + \frac{1}{2} + \frac{1}{4} + \frac{1}{8} + \frac{1}{16} + \cdots$$

Also:

$$\sum_{n=1}^{\infty} \frac{1}{n^2}$$

So konvergiert diese Reihe gegen 2. Über einen endlichen Bereich kann die Funktion SCAN dies für jeden Wert berechnen:

```
=SCAN(0;A1:A32;LAMBDA(Ergebnis;Wert;Ergebnis+1/(Wert^2)))
```

Oder auch

```
=SCAN(0;A1:A32;LAMBDA(a;b;a+1/FAKULTÄT(b-1)))
```

Welche gegen die Eulersche Zahl e konvergiert.

Mit dieser Hilfe kann man die ISBN-13 berechnen:

```
=REST(SUMME(SCAN(0;I3:I11;LAMBDA(a;b;1+a))*(I3:I11));11)
```

8.10 REDUCE

Einen ähnlichen Weg geht REDUCE. Auch diese Funktion greift auf einen Bereich zu, berechnet jedoch nicht ein Ergebnis für jeden einzelnen Wert, sondern für liefert ein Ergebnis. Das heißt: im oberen Beispiel hätte man REST und SUMME durch REDUCE ersetzen können.

Oder: summiere die geraden Werte:

```
=REDUCE(0;A1:A13;LAMBDA(a;b;WENN(ISTGERADE(b);a+b;a)))
```

Die Koordinaten von München (beispielsweise Marienplatz) sind

Lat: 48,1371079 und Lon: 11,5753822.

Die vom Roten Platz in Moskau lauten

Lat: 55,7536283 und Lon: 37,6213796006738

Das kann man beispielsweise über

https://www.koordinatengps.de/

herausfinden. Die Entfernung zweier Punkte kann man nicht mit dem Satz des Pythagoras berechnen, sondern mit Hilfe von sphärischer Trigonometrie. Ein Blick in die Formelsammlung oder ins Internet liefert die Lösung:

```
Entfernung = 6378,388 * acos(sin(lat1) * sin(lat2) + cos(lat1)
* cos(lat2) * cos(lon2 - lon1))
```

Da Sinus und Cosiuns von einer Einheitskugel ausgehen, muss das Ergebnis mit dem Radius der Erde (ungefähr 6.380 km) multipliziert werden. Und da Excel mit der Funktion BOGENMASS diese Angaben in GRAD umrechnet, lautet die Formel:

```
= 6378*ARCCOS(SIN(BOGENMASS(B2))*SIN(BOGENMASS(B3))+
COS(BOGENMASS(B2))*COS(BOGENMASS(B3))*COS(BOGENMASS(C3-C2)))
```

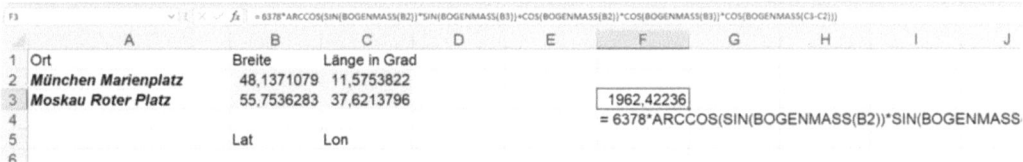

Das kann man doch sicherlich mit den neuen Arrayfunktionen, beispielsweise mit LAMBDA und REDUCE abkürzen. Da zwei Mal der COSINUS verwendet wird und ein drittes Mal der Cosinus einer Differenz, ermittle ich die Differenz unterhalb der Daten:

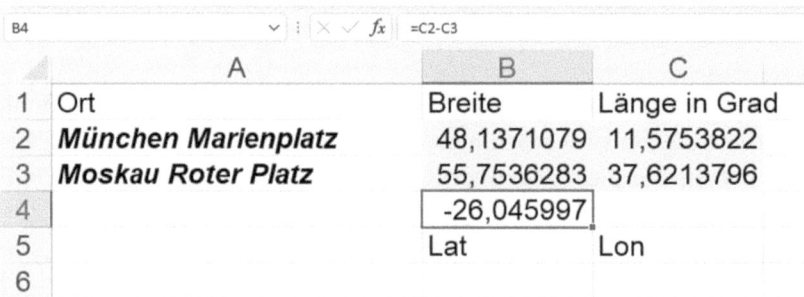

Und berechne nun:

```
=  6378*ARCCOS(REDUCE(1;B2:B3;LAMBDA(a;b;a*SIN(BOGENMASS(b))))+
REDUCE(1;B2:B4;LAMBDA(a;b;a*COS(BOGENMASS(b)))))
```

Die Formel ist etwas kürzer als die erste:

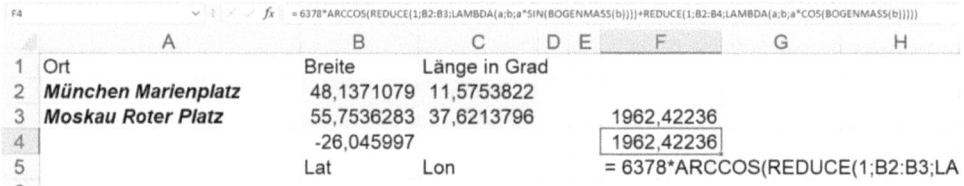

Okay – München – Moskau sind 1.962 km Luftlinie. Und nach Madrid? Ich hole die Daten aus:

https://www.koordinatengps.de/

Gefundene Koordinaten

Name	Breitengrad	Längengrad	
Madrid Puerta del Sol	40.4168624	-3.70430329187425	Weitere Informationen

Nach Madrid sind es von München aus „nur" 1.486 km Luftlinie – ist also näher als Moskau.

8.11 MATRIXERSTELLEN

Während die Funktion REDUCE eine Liste von Berechnungen auf einen Wert reduziert, baut MATRIXERSTELLEN eine Matrix auf. Mit Hilfe dieser Funktion kann man den BMI berechnen, der sich als Gewicht / (Größe x Größe) berechnet:

```
=MATRIXERSTELLEN(100;120;LAMBDA(Gewicht;Größe;
(Gewicht+49)/(((100+Größe-1)/100)^2)))
```

Mit einer bedingten Formatierung kann man da Ganze gut visualisieren.

119

| B2 | | | f_x | =MATRIXERSTELLEN(100;120;LAMBDA(Gewicht;Größe;(Gewicht+49)/(((100+Größe-1)/100)^2))) |

	A	BP	BQ	BR	BS	BT	BU	BV	BW	BX	BY	BZ	CA
1	BMI	1,66	1,67	1,68	1,69	1,70	1,71	1,72	1,73	1,74	1,75	1,76	1,77
2	50	18,1448686	17,9282154	17,7154195	17,5063898	17,3010381	17,0992784	16,9010276	16,7062047	16,5147311	16,3265306	16,1415289	15,959654
3	51	18,507766	18,2867797	18,0697279	17,8565176	17,6470588	17,441264	17,2390481	17,0403288	16,8450258	16,6530612	16,4643595	16,2788471
4	52	18,8706634	18,645344	18,4240363	18,2066454	17,9930796	17,7832495	17,5770687	17,3744529	17,1753204	16,9795918	16,7871901	16,5980402
5	53	19,2335607	19,0039084	18,7783447	18,5567732	18,3391003	18,1252351	17,9150892	17,708577	17,505615	17,3061224	17,1100207	16,9172332
6	54	19,5964581	19,3624727	19,1326531	18,906901	18,6851211	18,4672207	18,2531098	18,0427011	17,8359096	17,6326531	17,4328512	17,2364263
7	55	19,9593555	19,721037	19,4869615	19,2570288	19,0311419	18,8092063	18,5911303	18,3768252	18,1662043	17,9591837	17,7556818	17,5556194
8	56	20,3222529	20,0796013	19,8412698	19,6071566	19,3771626	19,1511918	18,9291509	18,7109492	18,4964989	18,2857143	18,0785124	17,8748125
9	57	20,6851502	20,4381656	20,1955782	19,9572844	19,7231834	19,4931774	19,2671714	19,0450733	18,8267935	18,6122449	18,401343	18,1940056
10	58	21,0480476	20,7967299	20,5498866	20,3074122	20,0692042	19,835163	19,605192	19,3791974	19,1570881	18,9387755	18,7241736	18,5131986
11	59	21,410945	21,1552942	20,904195	20,65754	20,4152249	20,1771485	19,9432125	19,7133215	19,4873827	19,2653061	19,0470041	18,8323917
12	60	21,7738424	21,5138585	21,2585034	21,0076678	20,7612457	20,5191341	20,2812331	20,0474456	19,8176774	19,5918367	19,3698347	19,1515848
13	61	22,1367397	21,8724228	21,6128118	21,3577956	21,1072664	20,8611197	20,6192537	20,3815697	20,147972	19,9183673	19,6926653	19,4707779
14	62	22,4996371	22,2309871	21,9671202	21,7079234	21,4532872	21,2031052	20,9572742	20,7156938	20,4782666	20,244898	20,0154959	19,789971
15	63	22,8625345	22,5895514	22,3214286	22,0580512	21,799308	21,5450908	21,2952948	21,0498179	20,8085612	20,5714286	20,3383264	20,109164
16	64	23,2254318	22,9481157	22,675737	22,408179	22,1453287	21,8870764	21,6333153	21,3839442	21,1388559	20,8979592	20,661157	20,4283571
17	65	23,5883292	23,3066801	23,0300454	22,7583068	22,4913495	22,2290619	21,9713359	21,7180661	21,4691505	21,2244898	20,9839876	20,7475502
18	66	23,9512266	23,6652444	23,3843537	23,1084346	22,8373702	22,5710475	22,3093564	22,0521902	21,7994451	21,5510204	21,3068182	21,0667433
19	67	24,314124	24,0238087	23,7386621	23,4585624	23,183391	22,9130331	22,647377	22,3863143	22,1297397	21,877551	21,6296488	21,3859364
20	68	24,6770213	24,382373	24,0929705	23,8086902	23,5294118	23,2550186	22,9853975	22,7204384	22,4600344	22,2040816	21,9524793	21,7051294
21	69	25,0399187	24,7409373	24,4472789	24,158818	23,8754325	23,5970042	23,3234181	23,0545625	22,790329	22,5306122	22,2753099	22,0243225
22	70	25,4028161	25,0995016	24,8015873	24,5089458	24,2214543	23,9389898	23,6614386	23,3886866	23,1206236	22,8571429	22,5981405	22,3435156
23	71	25,7657135	25,4580659	25,1558957	24,8590736	24,567474	24,2809753	23,9994592	23,7228107	23,4509182	23,1836735	22,9209711	22,6627087
24	72	26,1286108	25,8166302	25,5102041	25,2092014	24,9134948	24,6229609	24,3374797	24,0569347	23,7812128	23,5102041	23,2438017	22,9819018
25	73	26,4915082	26,1751945	25,8645125	25,5593292	25,2595156	24,9649465	24,6755003	24,3910588	24,1115075	23,8367347	23,5666322	23,3010948
26	74	26,8544056	26,5337588	26,2188209	25,909457	25,6055363	25,306932	25,0135208	24,7251829	24,4418021	24,1632653	23,8894628	23,6202879
27	75	27,2173029	26,8923231	26,5731293	26,2595847	25,9515571	25,648914	25,3515414	25,059307	24,7720967	24,4897959	24,2122934	23,939481
28	76	27,5802003	27,2508874	26,9274376	26,6097125	26,2975779	25,9909032	25,6895619	25,3934311	25,1023913	24,8163265	24,535124	24,2586741
29	77	27,9430977	27,6094518	27,281746	26,9598403	26,6435986	26,3328888	26,0275825	25,7275552	25,432686	25,1428571	24,8579545	24,5778672
30	78	28,3059951	27,9680161	27,6360544	27,3099661	26,9896194	26,6748743	26,365603	26,0616793	25,7629806	25,4693878	25,1807851	24,8970602
31	79	28,6688924	28,3265804	27,9903628	27,6600959	27,3356401	27,0168599	26,7036236	26,3958034	26,0932752	25,7959184	25,5036157	25,2162533
32	80	29,0317898	28,6851447	28,3446712	28,0102237	27,6816609	27,3588455	27,0416441	26,7299275	26,4235698	26,122449	25,8264463	25,5354464
33	81	29,3946872	29,043709	28,6989796	28,3603515	28,0276817	27,700831	27,3796647	27,0640516	26,7538644	26,4489796	26,1492769	25,8546395
34	82	29,7575846	29,4022733	29,053288	28,7104793	28,3737024	28,0428166	27,7176852	27,3981757	27,0841591	26,7755102	26,4721074	26,1738326
35	83	30,1204819	29,7608376	29,4075964	29,0606071	28,7197232	28,3848022	28,0557058	27,7322998	27,4144537	27,1020408	26,794938	26,4930256
36	84	30,4833793	30,1194019	29,7619048	29,4107349	29,0657439	28,7267877	28,3937263	28,0664239	27,7447483	27,4285714	27,1177686	26,8122187
37	85	30,8462767	30,4779662	30,1162132	29,7608627	29,4117647	29,0687733	28,7317469	28,400548	28,0750429	27,755102	27,4405992	27,1314118

Damit kann das Problem von Euler visualisiert werden: Er behauptete, dass zwei verschiedene ganze Zahlen n und m nur mit 2 und 4 folgende Gleichung lösen:

$$n^m = m^n$$

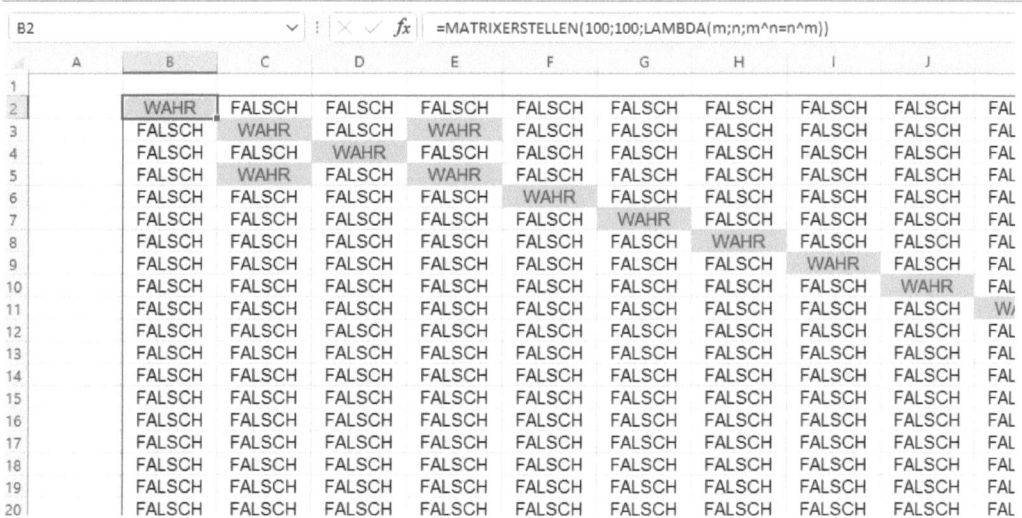

Dazu gibt man in die erste Zelle die Formel

```
=MATRIXERSTELLEN(100;100;LAMBDA(m;n;m^n=n^m))
```

ein, Die Zellen, die WAHR liefern, werden farblich mit Hilfe der bedingten Formatierung gekennzeichnet.

8.12 MATRIXZUTEXT

Der Sinn der Funktion MATRIXZUTEXT erschließt sich mir noch nicht ganz. Die Funktion

```
=MATRIXZUTEXT(A9:B14)
```

Berechnet das Gleiche wie

```
=TEXTVERKETTEN(";  ";WAHR;A9:B14)
```

Lediglich mit dem Parameterwert 1 (streng) bei „Format" wird ein Unterschied deutlich:

```
=MATRIXZUTEXT(A9:B14;1)
```

	A	B	C	D	E	F	G	H	I	J	K	L	M
1	Name	Duelle	Provision										
2	D'Artagnan	25	$ 18.750,00										
3	Aramis	72	$ 54.000,00										
4	Porthos	18	$ -										
5	Athos	64	$ 48.000,00		D'Artagnan; 25; 18750; Aramis; 72; 54000; Porthos; 18; 0; Athos; 64; 48000						=MATRIXZUTEXT(A2:C5)		
6													
7													
8	Name	Punktzahl											
9	Anton	99											
10	Berti	5											
11	Conni	42											
12	Det	0,1											
13	Edi	17											
14	Fritzchen	3			Anton; 99; Berti; 5; Conni; 42; Det; 0,1; Edi; 17; Fritzchen; 3						=MATRIXZUTEXT(A9:B14)		
15					Anton; 99; Berti; 5; Conni; 42; Det; 0,1; Edi; 17; Fritzchen; 3						=TEXTVERKETTEN("; ";WAHR;A9:B14)		
16					Anton; 99; Berti; 5; Conni; 42; Det; 0,1; Edi; 17; Fritzchen; 3								
17													
18													
19					{"Anton"."99";"Berti"."5";"Conni"."42";"Det"."0,1";"Edi"."17";"Fritzchen".3}						=MATRIXZUTEXT(A9:B14;1)		
20													
21					{"Anton"."99";"Berti"."5";"Conni"."42";"Det"."0,1";"Edi"."17";"Fritzchen".3}								

8.13 Fazit

Die neuen Funktion LAMBDA & co erweitern das Spektrum von Excel. Wurden mit den Arrayfunktionen SORTIEREN, FILTERN, SEQUENZ, EINDEUTIG & co im ersten Schritt eine Erweiterung der „alten" {Matrixfunktionen} geschaffen, so ist es jetzt möglich, eigene Array- (oder Spill-)funktionen zu schreiben. Die sechs Funktionen MAP, NACH-SPALTE, NACHZEILE, SCAN, REDUCE und MATRIXERSTELLEN liefern sämtliche Varianten: von Liste zu Liste; von Liste zu Wert, von Wert zu Liste, von Liste zu Spalte/Zeile oder auch die Einzelberechnung der Werte der Liste.

Der Aufbau der LAMBDA-Funktionen ist sicherlich gewöhnungsbedürftig; bedauerlich ist auch der fehlende Einblick in die „Maschine" – eine schrittweise Kontrolle der Berechnungen ist nicht möglich, auch fehlen noch einige Hilfen beim Editieren und Verändern der Funktionen.

Dennoch: mit Einführung dieser Funktionen hat Microsoft sicherlich eine weitere, interessante Technologie eingeführt, mit deren Hilfe einige Lösungen schneller und einfacher erstellt werden können. Welche – das wird sicherlich die Zukunft zeigen.

9 Verknüpfungen – einmal anders?

Excelstammtisch vom 14.03.2021

9.1 Wie es anfing

Wie immer: es fing harmlos an. Mit einer Mail: „Hallo Herr Martin. Ich hoffe, es geht Ihnen gut. Haben Sie Lust und Zeit eine Excelvorlage zu überarbeiten?"

Klar hatte ich Lust und Zeit.

Es ging um Planungen von Übungen. Auf bestimmten Tabellenblättern werden Daten abgelegt:

Diese werden verknüpft (hier: mit SVERWEIS)

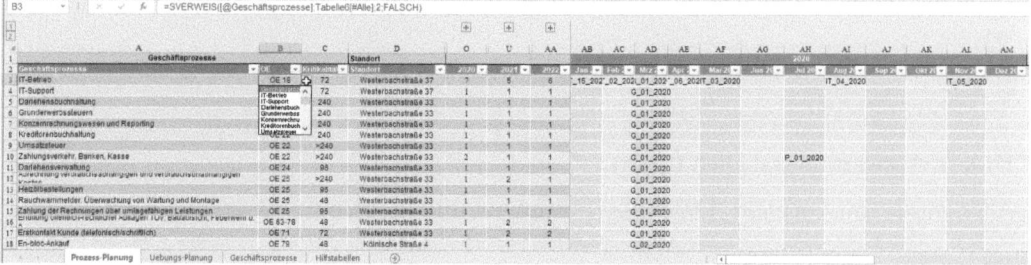

123

Und ausgewertet über ZÄHLENWENN

Alles nicht sehr komfortabel!

9.2 Schritt I: Umstrukturieren

Im ersten Schritt habe ich die Tabellen umstrukturiert.

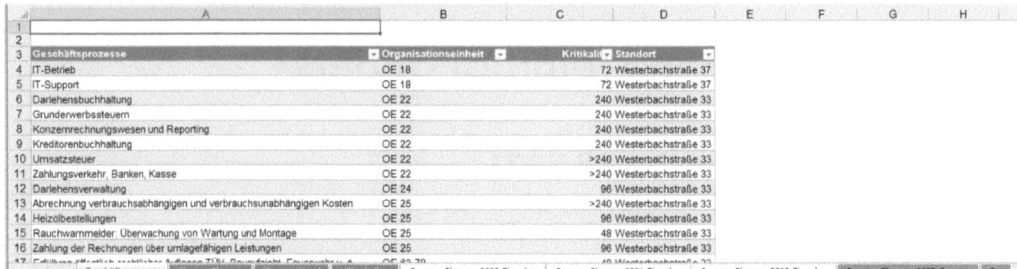

Ich habe das Projekt unterteilt in Datentabellen (rot)

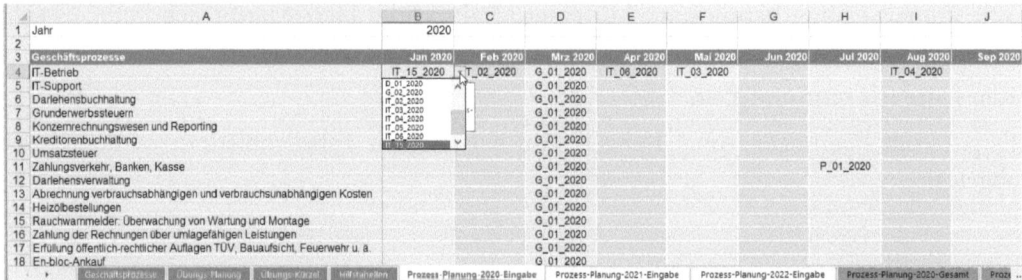

In Verknüpfungstabellen (gelb)

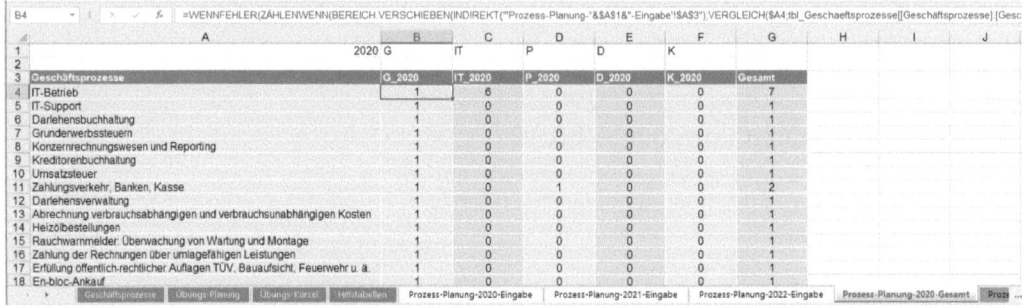

Und in Auswertungstabellen (grün).

Alles wurde mit Formeln, Datenüberprüfungen und Namen umgesetzt.

9.3   Schritt II: Jahreswechsel

Aber was passiert im neuen Jahr? Man sollte die Möglichkeit haben das Jahr zu wechseln. DAS geht nur mit einem Makro. Also: von XLSX zu XLSM:

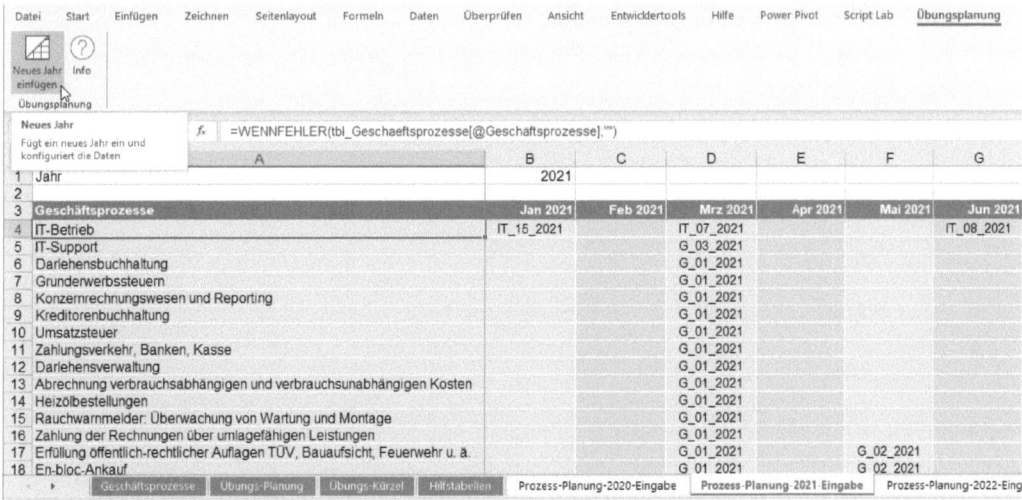

9.4   Zuordnungen

Die Zuordnungen sollten über ein eigenes Blatt getroffen werden – ohne Hilfstabellen. Kein Problem: die Vorlage wird umstrukturiert:

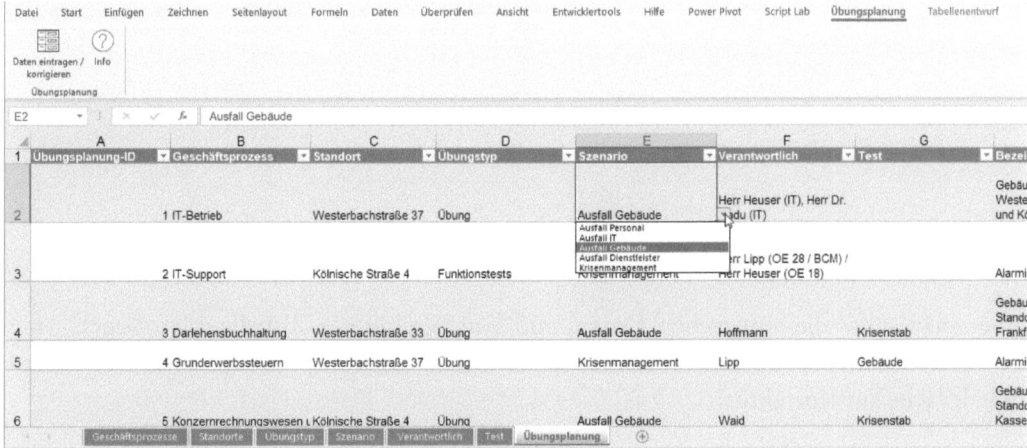

9.5 Dateneingabe und Gruppierung

Die Daten sollten bequemer eingegeben werden können. Und die Auswertung: ZÄHLEN-WENN erschien zu kompliziert – warum nicht eine Pivot-Tabelle. Für letzteres wurden zwei Schaltflächen zur Verfügung gestellt:

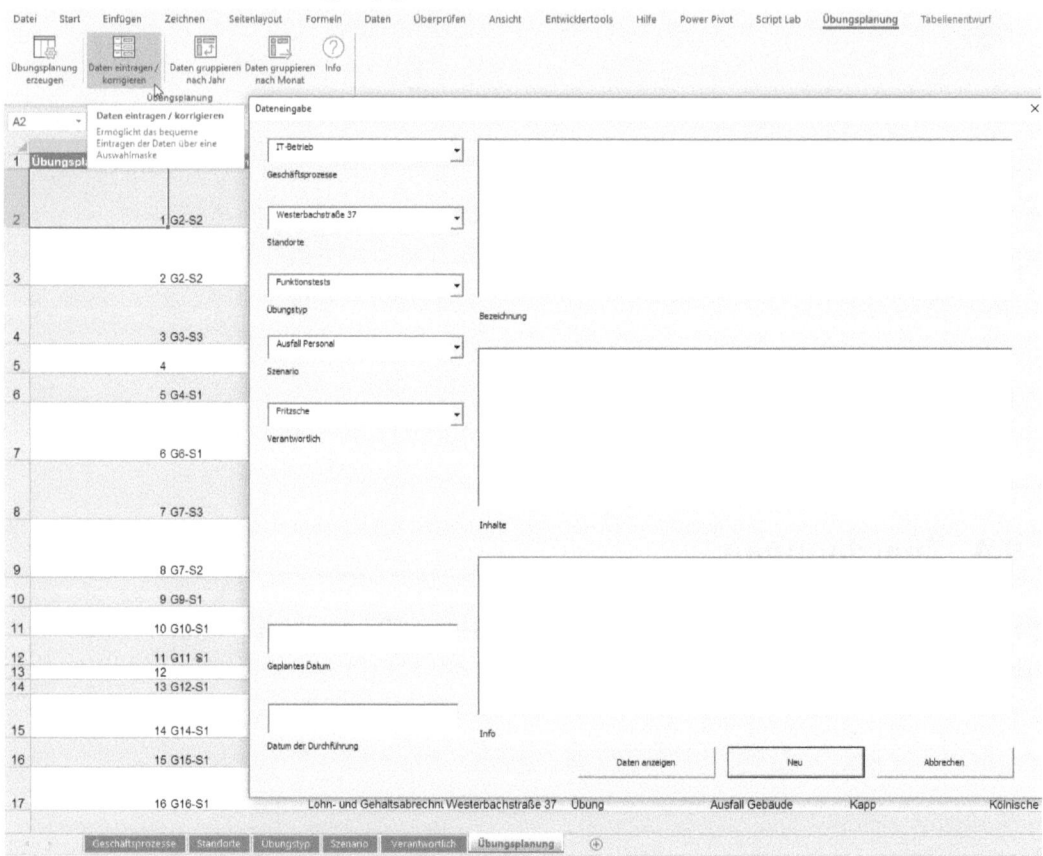

9.6 Daten korrigieren

Aber man sollte die eingegeben Daten, auf dem geschützten Tabellenblatt liegen, auch korrigieren können. Außerdem werden vier Informationsfelder benötigt. Also eine weitere Schaltfläche zur Korrektur:

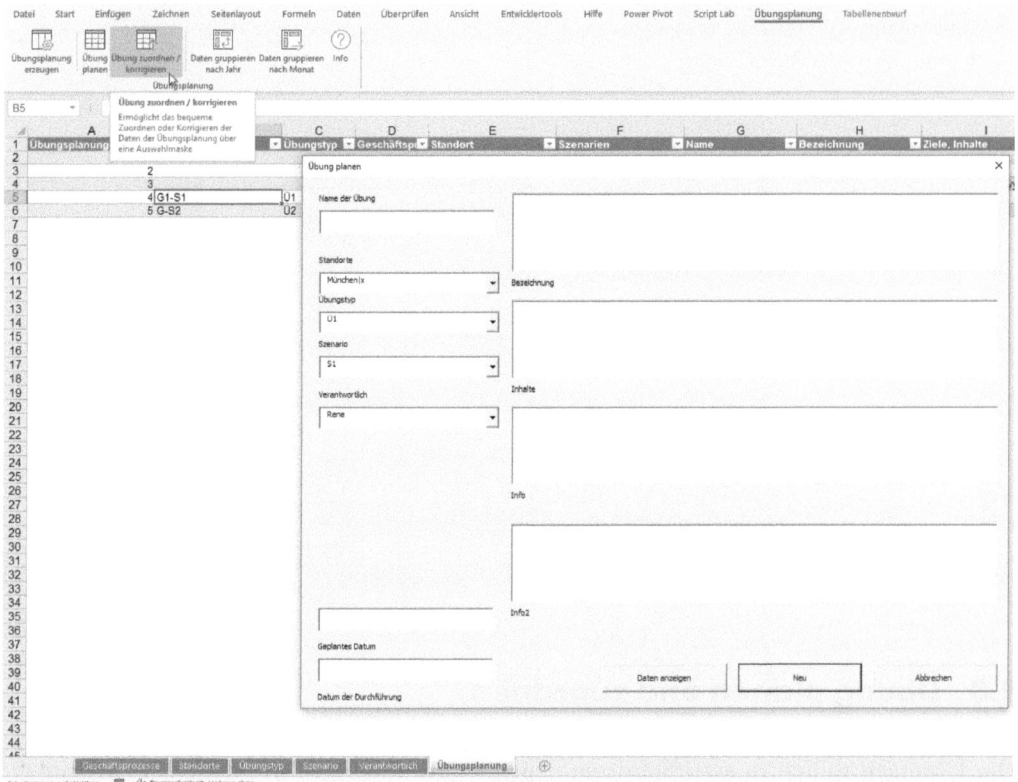

9.7 Auswertung

Die Auswertung erfolgt über eine Pivottabelle. Allerdings sollten nicht zwei Varianten zur Verfügung stehen, sondern mehrere Kategorien, die jeweils nach Jahr oder Monat gruppiert werden sollten.

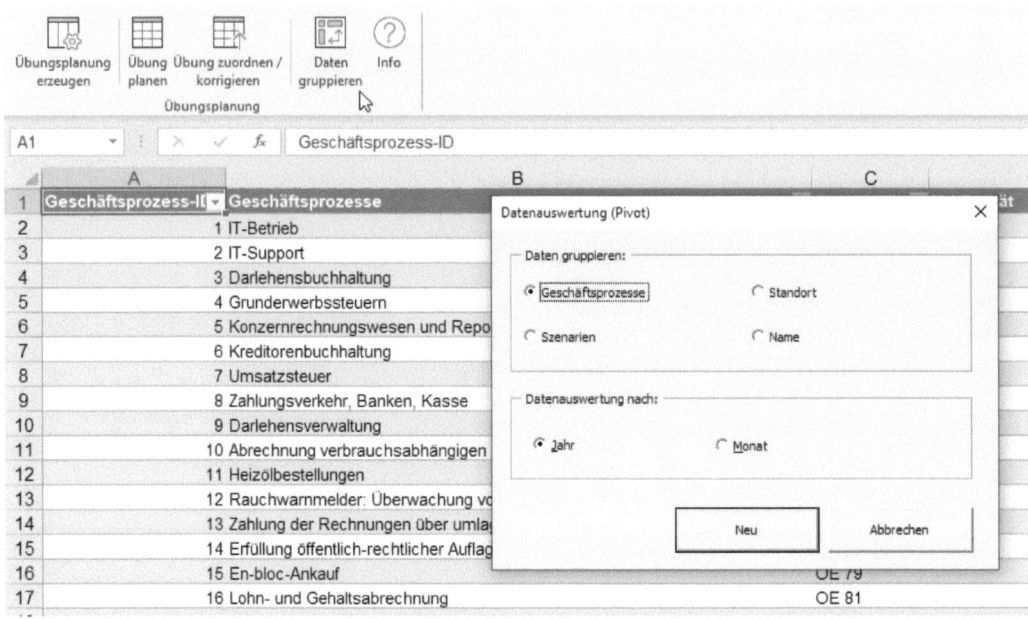

9.8 Übung planen und zuordnen

Die Übungen sollten in zwei Schritten geplant und durchgeführt werden. 1. Schritt die Planung. Das habe ich in einer Userform umgesetzt:

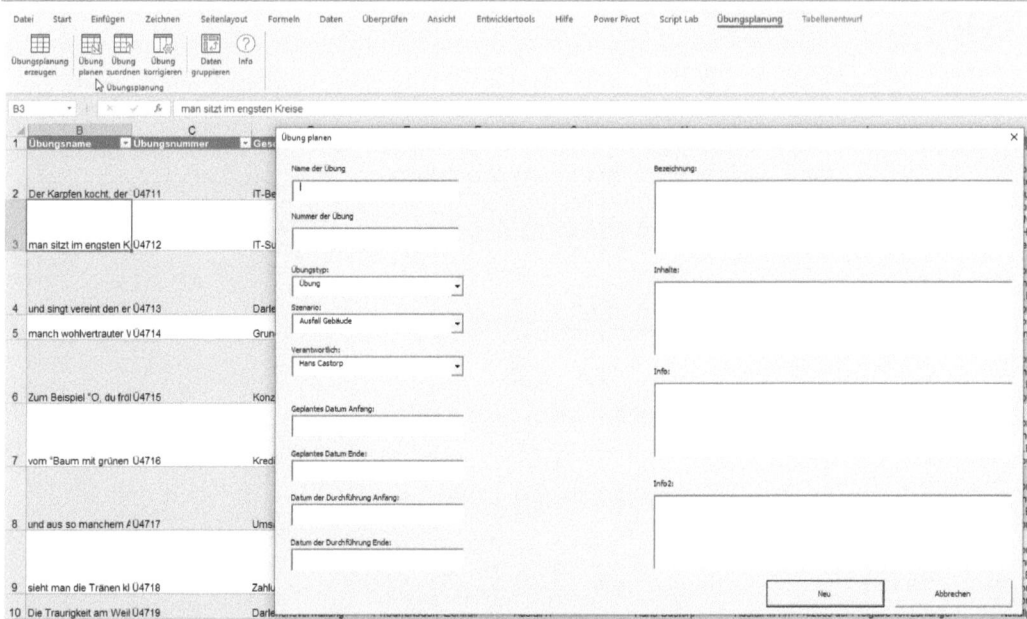

Die gleiche Userform wird anders dargestellt, wenn die Übung zugeordnet werden sollte:

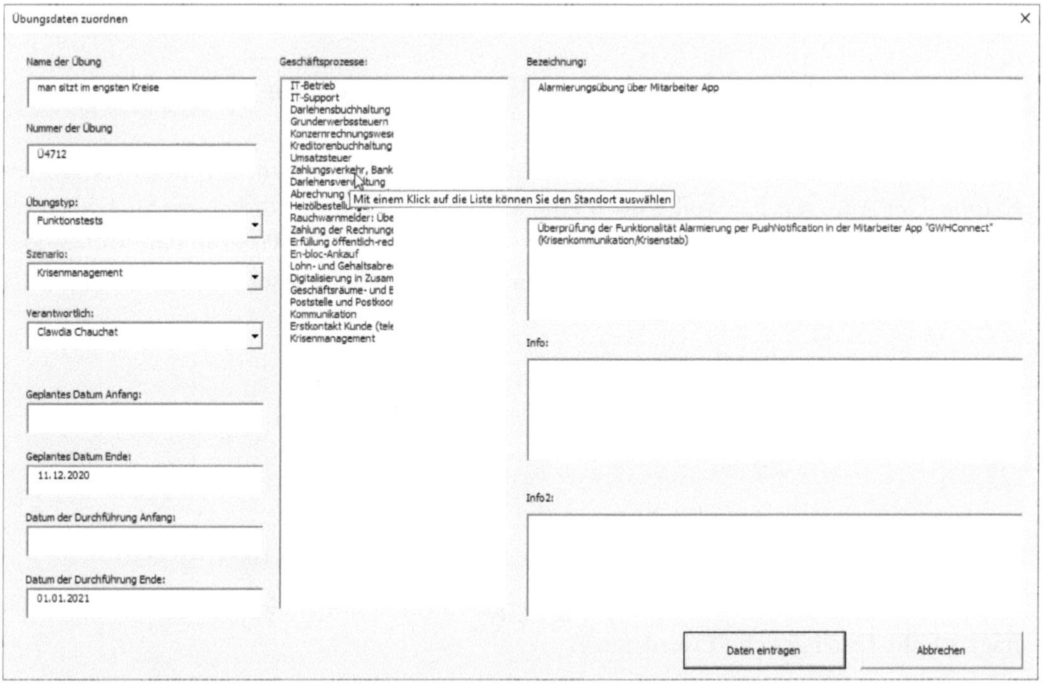

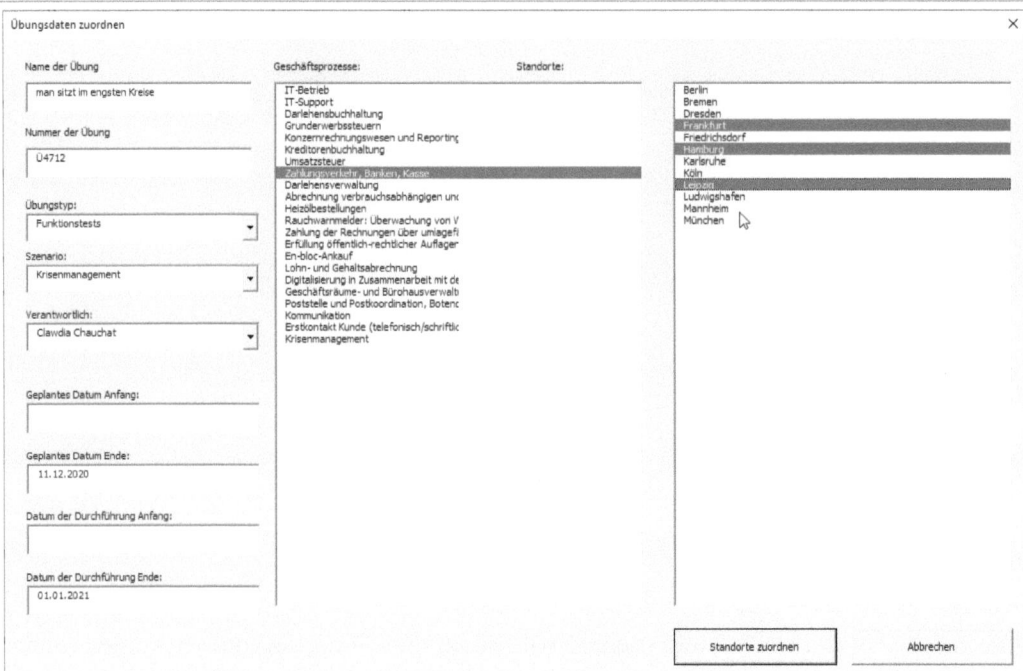

9.9 Andere Inhalte und eine Sicherungskopie

Da die Listen eigentlich vom Inhalt unabhängig sind, habe ich andere Inhalte verwendet. Klappt. Der Auftraggeber wollte noch eine Sicherungskopie erstellt haben (Stichwort: revisionssicher). Kein Problem: ein paar Zeilen VBA: kopiere die Blätter in eine andere Datei, schütze die Blätter, entferne Formeln, und lege einen Schreibschutz auf die Datei.

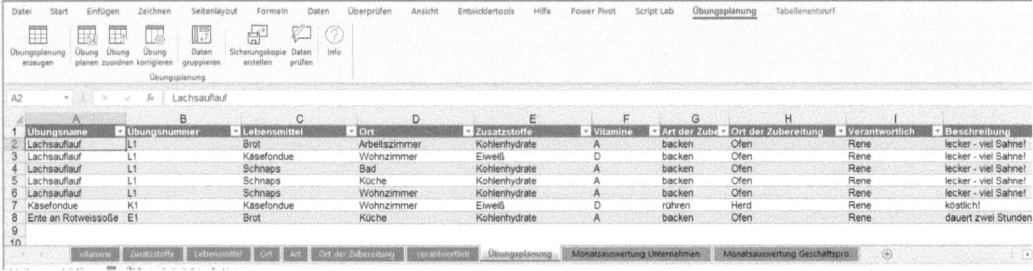

Dafür wird eine Schaltfläche zur Verfügung gestellt und am Ende wird noch einmal gefragt, ob die Datei gesichert werden soll.

9.10 Datum – eine bequemere Eingabe

Das Datumsfeld gefiel nicht. Eine bequemere Eingabe sollte her. Da ich nur ungern andere Steuerelemente verwende (VBA stellt leider keinen DatePicker zur Verfügung), habe ich ihn kurzerhand nachprogrammiert:

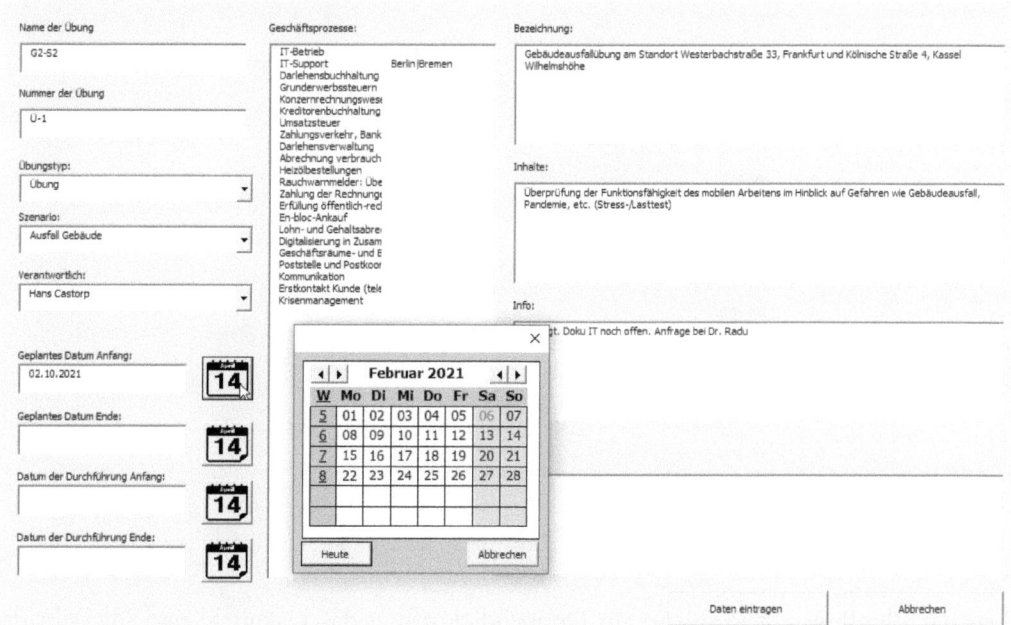

9.11 Zuordnung verbessert

Das Listenfeld, das ein- und ausgeblendet wird, ist nicht selbsterklärend. Deshalb kam der Vorschlag, ob man nicht eine zweite Userform öffnet, wo Standort zu Geschäftsprozess zugeordnet werden kann:

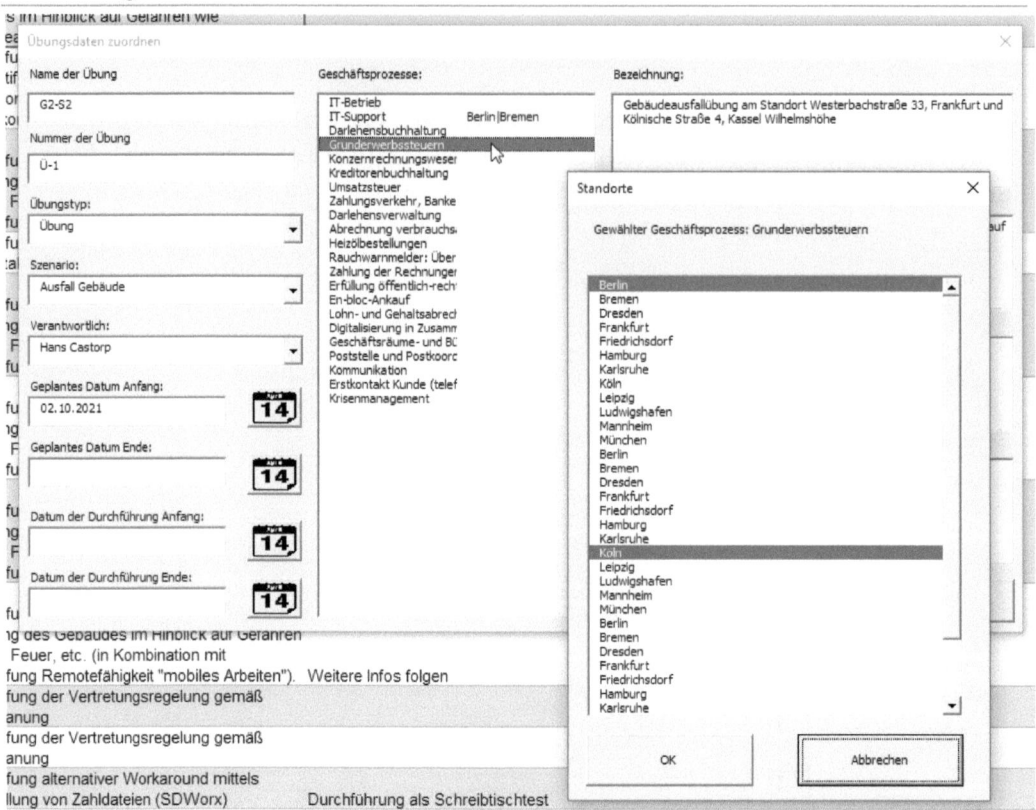

Das hat allerdings ein Problem: ein Doppelklick öffnet das Listenfeld und übergibt das Klick-Ereignis, so dass dort „falsche" Einträge ausgewählt werden:

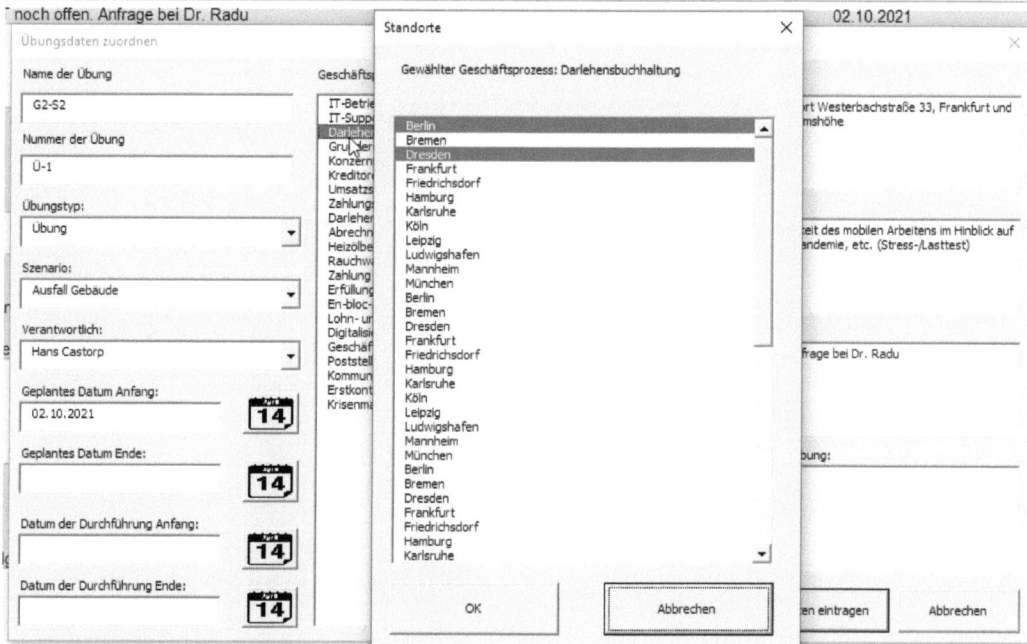

Also das Design ändern!

9.12 Form follows function

Also: das „untere" Listenfeld nach rechts – dann funktioniert es (außer der Anwender würde das „hintere" Dialogfeld nach links verschieben:

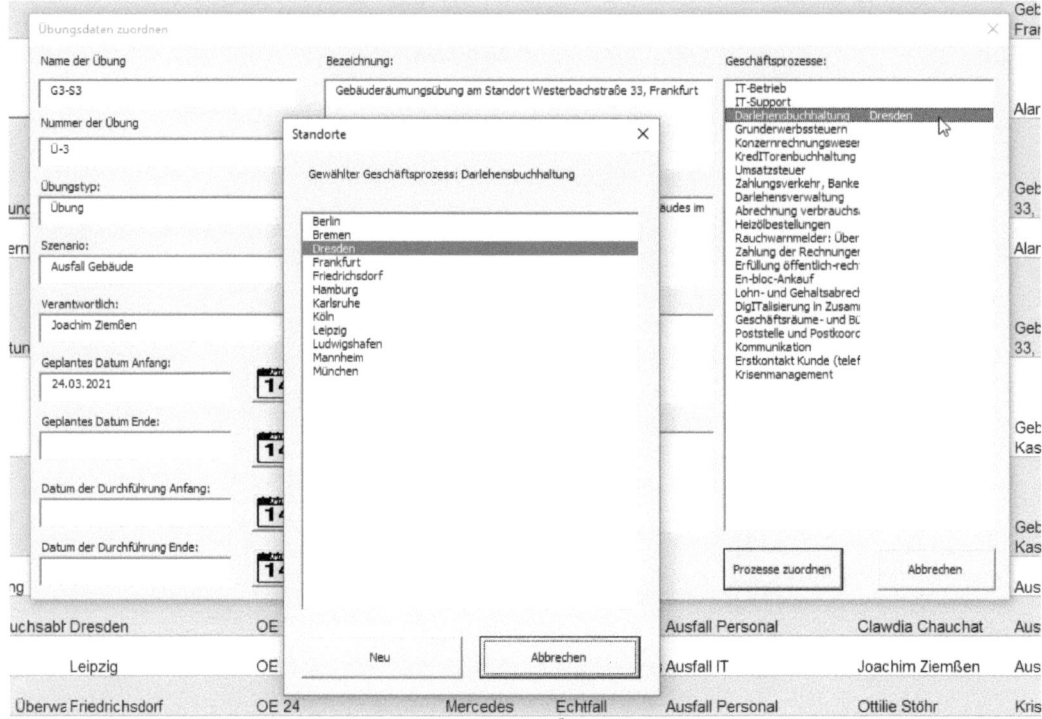

9.13 Änderungen auf dem geschützten Blatt

Das Tabellenblatt, auf dem sich die zugeordneten Daten befinden, sollten geändert werden können: man sollte eine Zeile löschen können, mehrere Zeilen, die zu einer Übung gehören, bequem löschen können, Daten ersetzen können. Also: neue Schaltflächen:

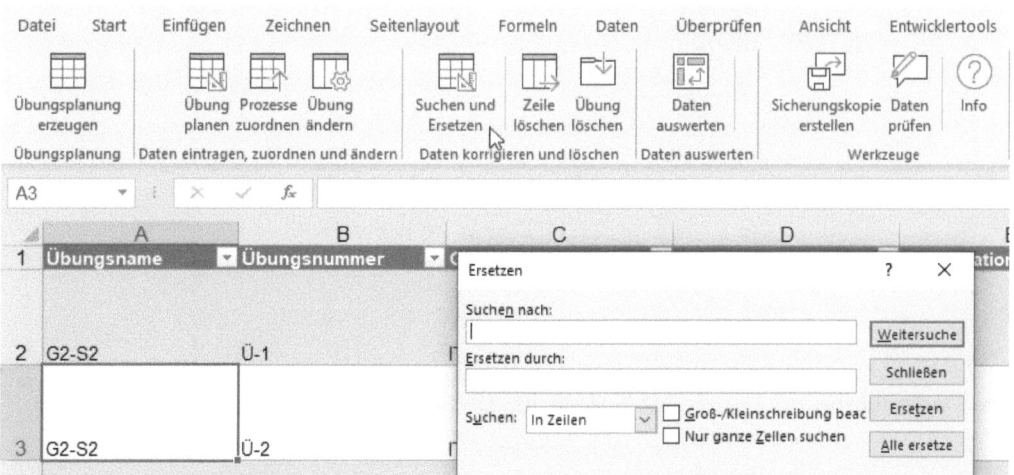

Da durch die Datenkorrektur Fehler auftreten können, habe ich eine Schaltfläche zur Prüfung der Daten eingebaut.

9.14 Mehr löschen!

Der Anwender sollte mehr löschen dürfen: Blattinhalt, Blätter, … Das bedeutete: neue Schaltflächen!

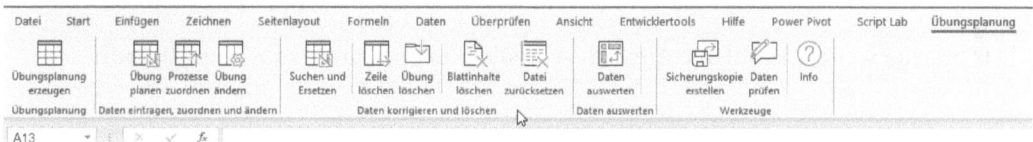

9.15 Die Daten zuordnen

Im ersten Schritt habe ich mit IDs bei den Daten gearbeitet – ich hatte überlegt im Hintergrund diese IDs miteinander zu verknüpfen. In Excel wäre das sehr viel Programmierarbeit. Also etwas anderes: ich verknüpfe einfach die Texte miteinander:

Und die gesamte Übungsplanung?

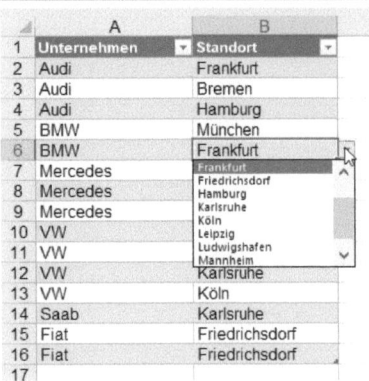

Die Datenüberprüfung greift auf Namen zu, die sich auf intelligente Tabellen beziehen:

Das brachte weitere Probleme mit sich -vor allem beim Datenexport und -import.

9.16 Und die gesamte Übungsplanung?

Parallel hierzu wurden nun vier Schaltflächen eingefügt: Übung planen, geplante Übung korrigieren, Übung zuordnen, zugeordnete Übung korrigieren:

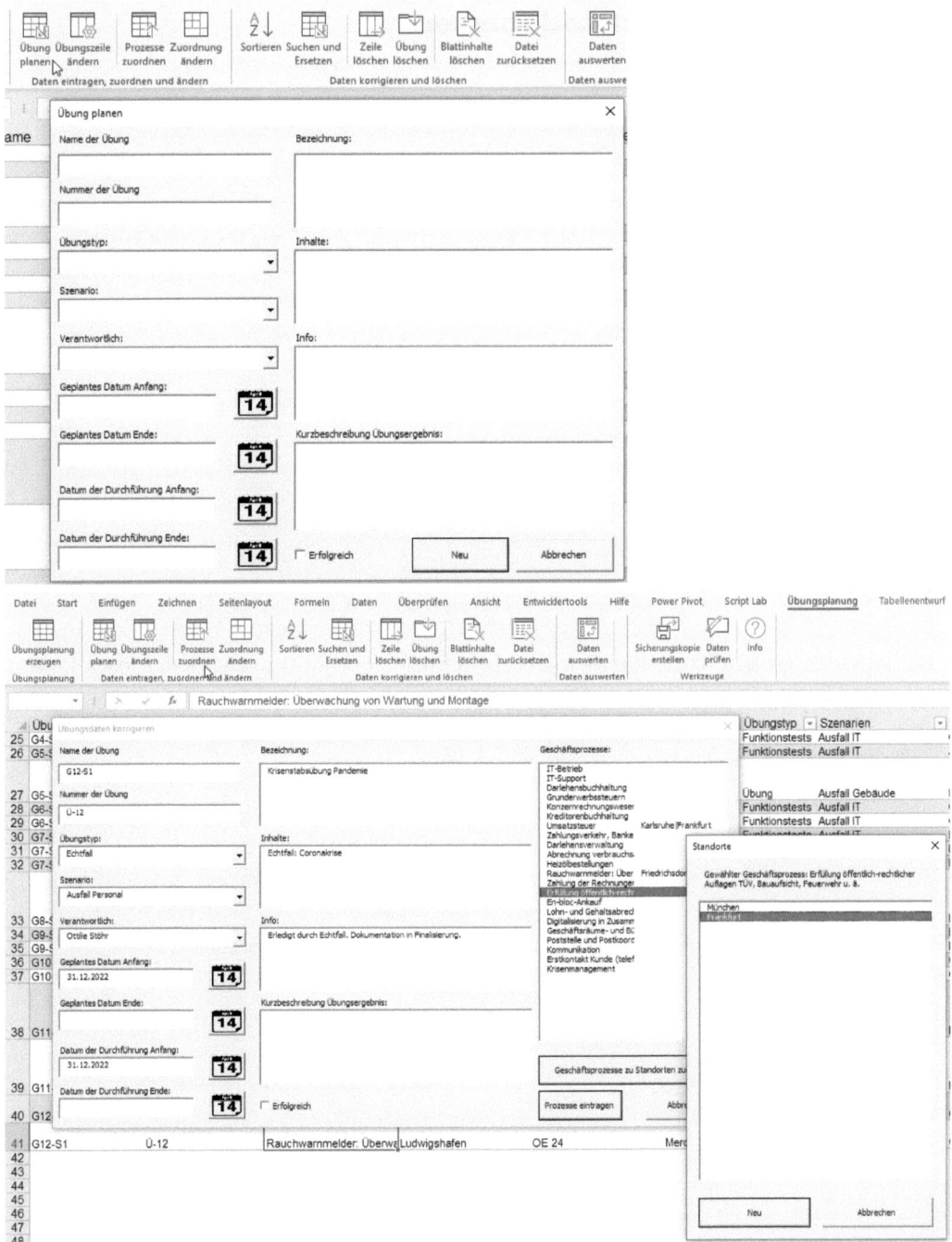

9.17 Zuordnung – jetzt noch besser!

Also ändern! Über eine Schaltfläche wurde nun eine Zuordnung getroffen:

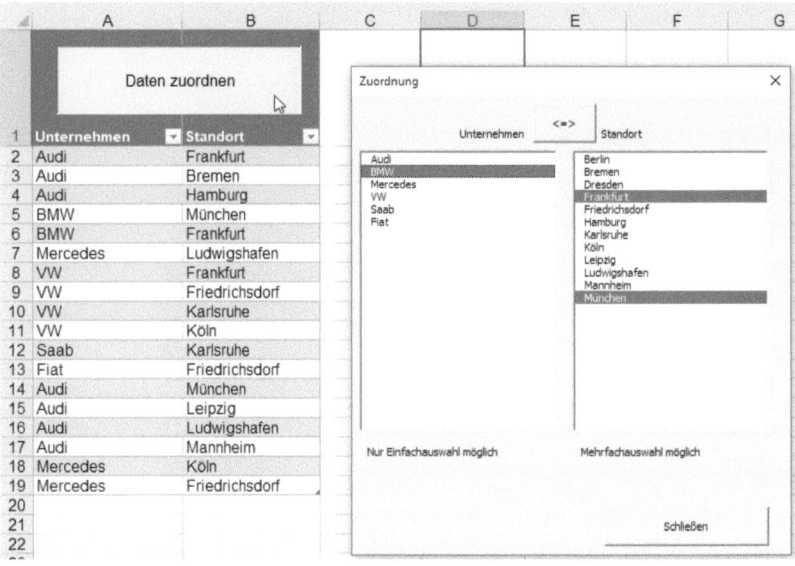

Das hatte den großen Vorteil, dass man sehr schnell Verknüpfungen wieder lösen konnte und nachschauen konnte, welche Kategorie mit welcher verknüpft wurde:

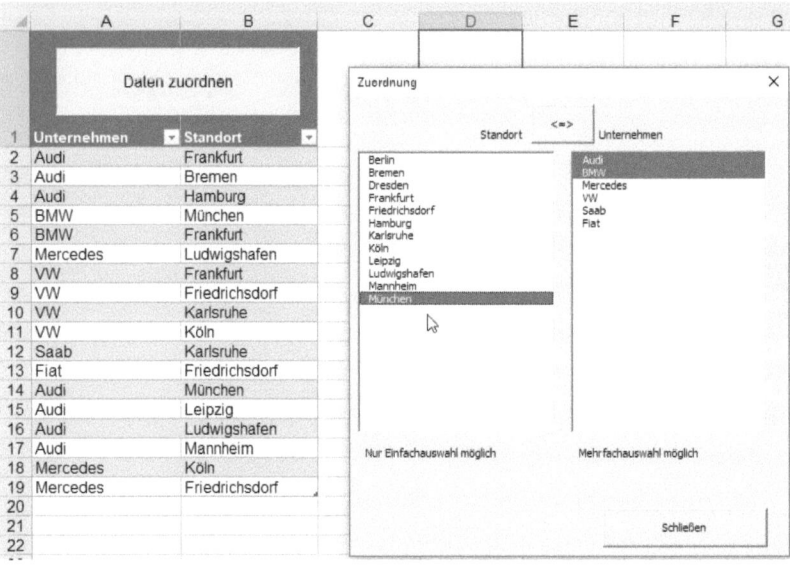

9.18 Komplexe Verknüpfungen

Auch Verknüpfungen über mehrere Ebenen stellten keine Schwierigkeit dar:

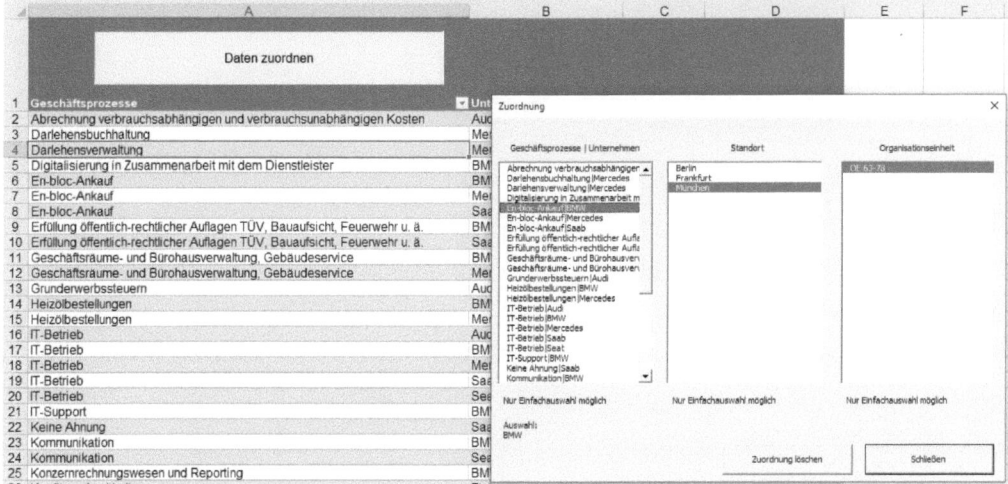

9.19 Vier genügt!

Wir hatten aneinander vorbei geredet: vier Verknüpfungstabellen genügten. Also: umorganisieren!

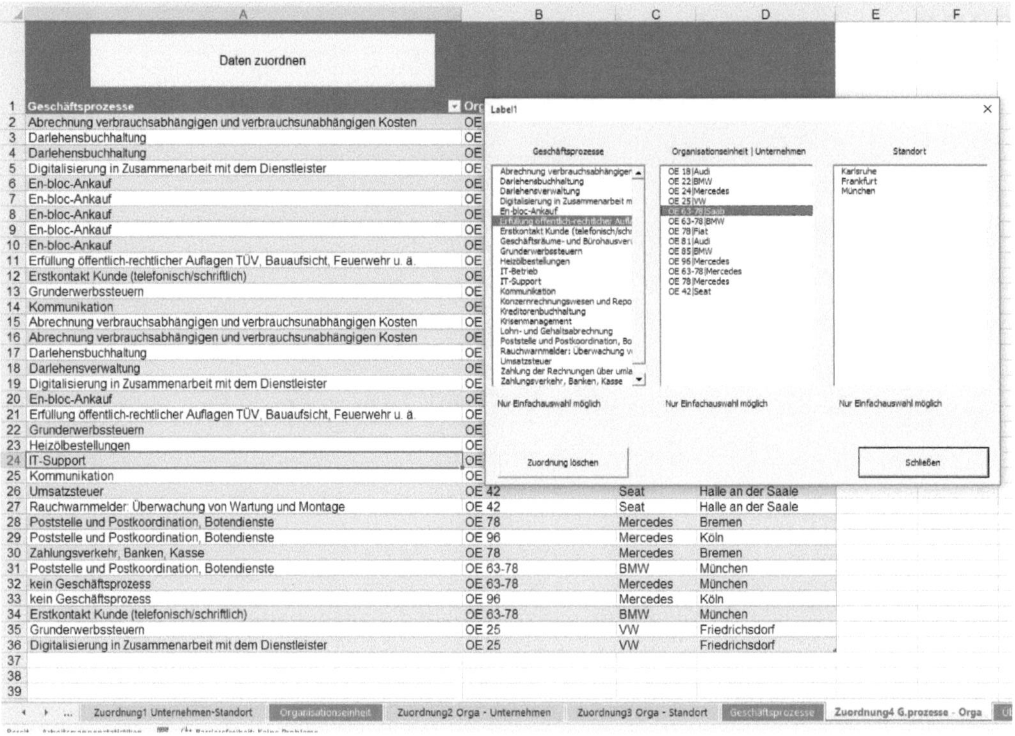

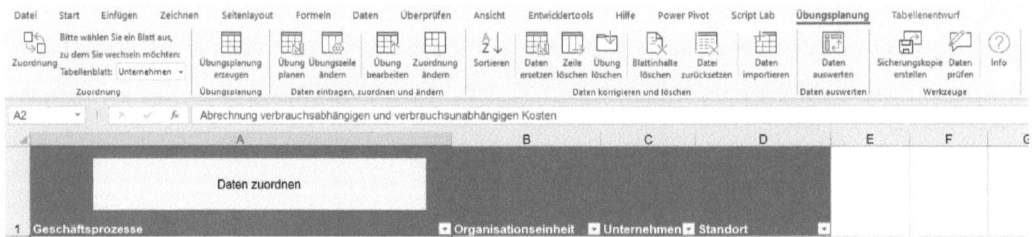

9.20 Auch im Menüband

Die Schaltfläche findet Einzug im Menüband:

9.21 Mehr Ressourcen

Da fiel dem Auftraggeber ein, dass einige Ressourcen fehlten: Dienstleister, IT-Anwendungen, Technik. Also Spalten einbauen und neue Schaltfläche für die Zuordnungen:

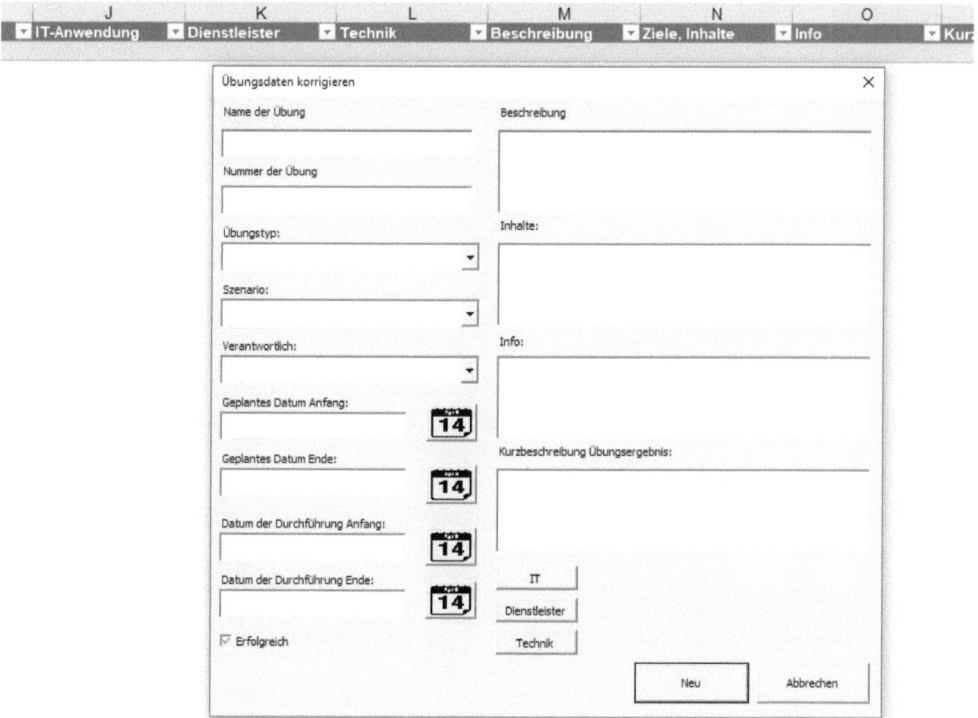

9.22 Weniger Buttons

Obwohl so besprochen, wollte der Auftraggeber doch kein zweistufiges Modell, sondern alle Planungen und Zuordnungen über zwei Schaltfläche haben. Also: zusammenfassen!

9.23 Andere Anordnung!?

Die Anordnung gefiel noch immer nicht (zu Recht!): Zwar können Zuordnunge getroffen werden, aber das Listenfeld hatte zwei Funktionen: Zuordnungen und Auswahl. Unübersichtlich!

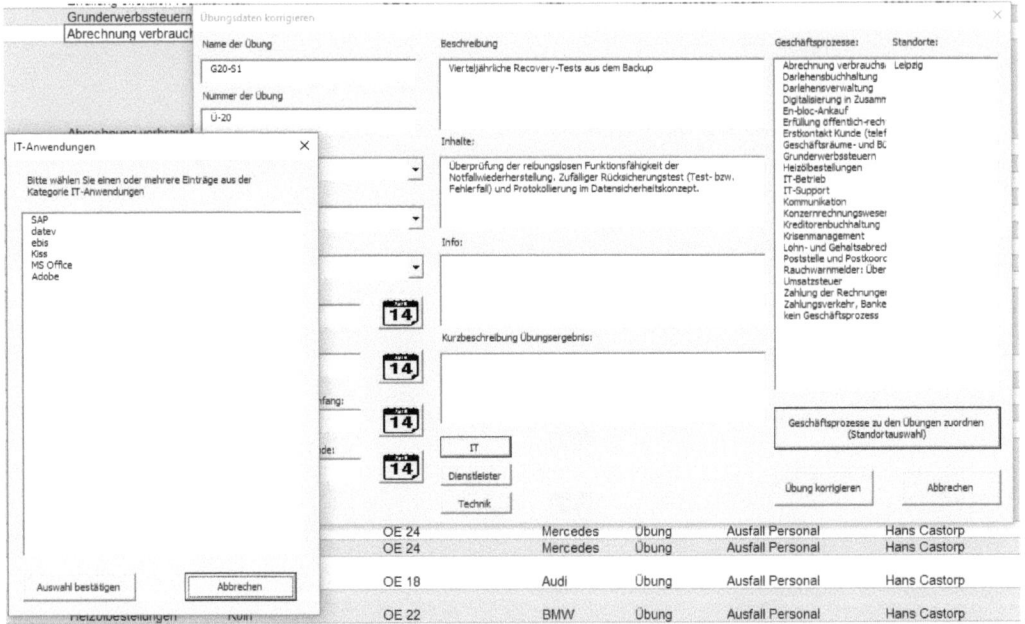

9.24 Zwei Geschäftsprozesse

Also zwei Auswahllisten für die Geschäftsprozesse – einer zur Zuordnung; einer zu Bestätigung:

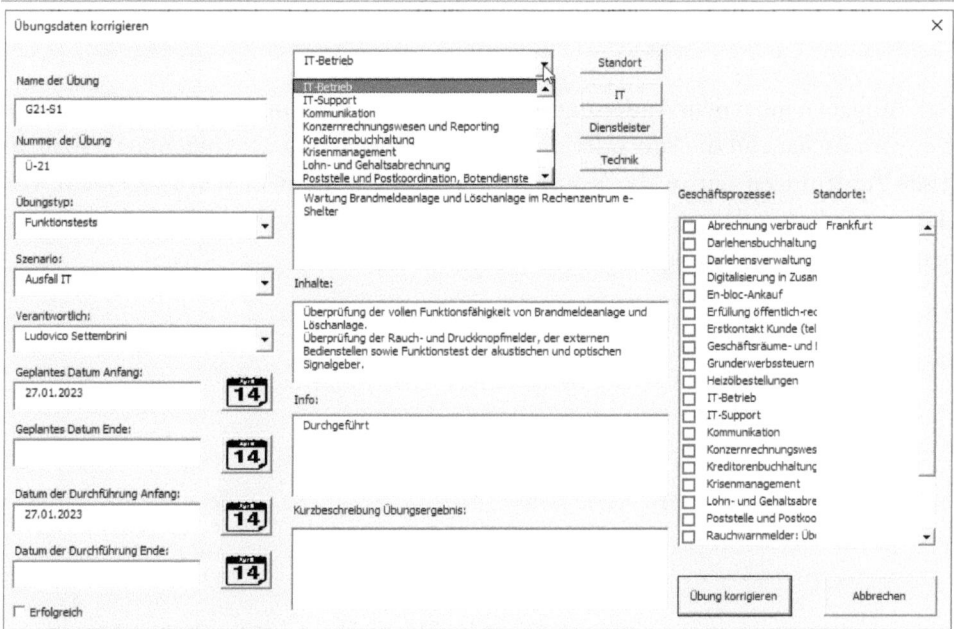

9.25 Neu :: ändern :: und löschen?

Eine Sache hatte wir nicht bedacht: wenn Daten verknüpft werden können und Verknüpfungen gelöst werden kann – was passiert dann, wenn Daten (fälschlicherweise) gelöscht wurden? Nun – dann kann die Verknüpfungen auf dem geschützten Blatt nicht mehr gelöscht werden! Also: ein neuer Button zum „sicheren" Löschen!

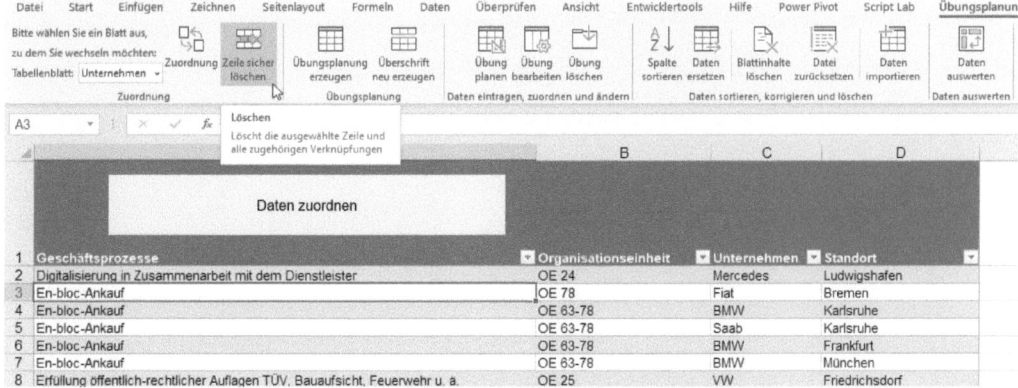

9.26 Fazit

Bei vielen Aufgaben muss man Änderungswünsche vom Kunden miteinplanen. Manchmal gelingt es vorausschauend die eine oder andere Änderungsoption „vorzudenken", manchmal passen Änderungen gut in das Konzept, manchmal muss man sich von einem Teil seiner Lösung (oder gar dem gesamten Projekt) verabschieden und noch einmal von vorne beginnen. Der Kunde ist König!

10

10 PowerQuery schneller machen

Excelstammtisch vom 14.06.2021

10.1 Motivation

Wer viel mit PowerQuery arbeitet und auf unterschiedliche Datenquellen zugreift und verschiedene Arten und Kombinationen der Transformation hat, bemerkt schnell, dass PowerQuery auf die Daten in unterschiedlicher Geschwindigkeit zugreift, sie transformiert und sie wieder zurückgibt. Ich habe einige Punkte aufgelistet, die ich überprüft habe, was PowerQuery langsam macht:

10.2 Eine Hauptabfrage; 30 Unterabfragen ...

Ich gehe von einer „großen", aber unformatierten Liste aus: 20.000 Zeilen, 21 Spalten. Die Arbeitsmappe hat eine Dateigröße von 3,6 Mbyte.

Diese Datei habe ich über die Seite

`https://www.fakenamegenerator.com/`

generieren lassen.

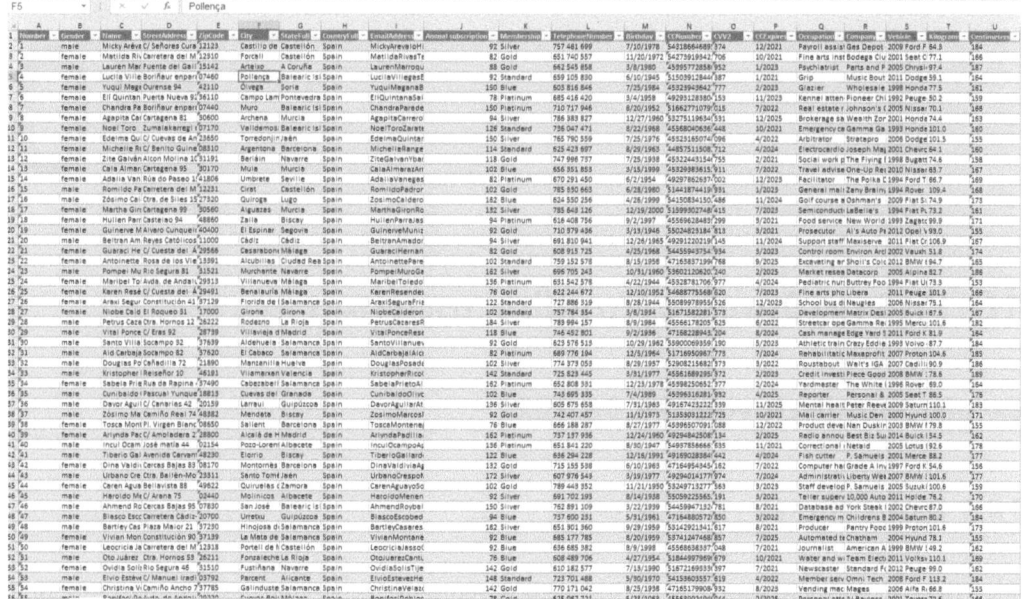

Auf diese Datei setze ich in Excel in einer anderen Datei über PowerQuery eine Abfrage auf. Auf diese Abfrage setze ich 31 weitere Abfragen auf – jeweils mit:

= `Tabelle1`

Und dann einen Filter:

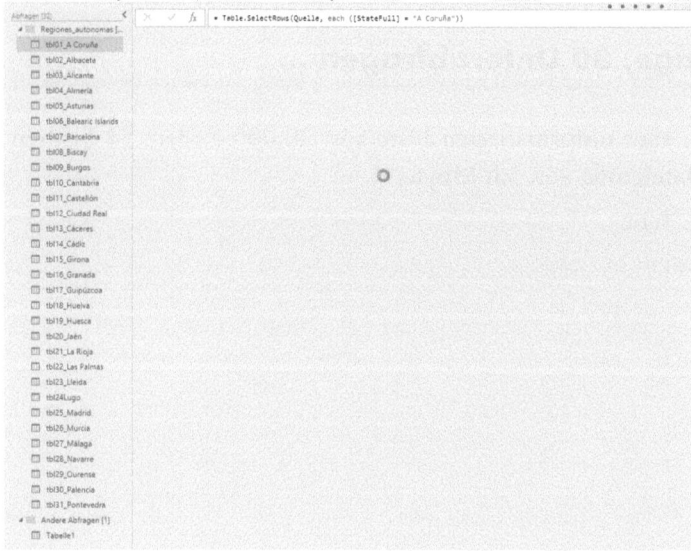

Diese vielen Abfragen benötigen viel Rechenzeit.

Hinweis

Allerdings führt der Befehl = `Table.Buffer(#"Tabellenname")` zu einer Beschleunigung.

Das Ergebnis:

Die Datei – wenn sie nur die Verknüpfungen enthält – hat eine Dateigröße von 22 KByte. Lädt man die Daten nach Excel, wächst die Dateigröße auf 2,9 Mbyte. Lädt man jedoch die einzelnen Abfragen ins Datenmodell

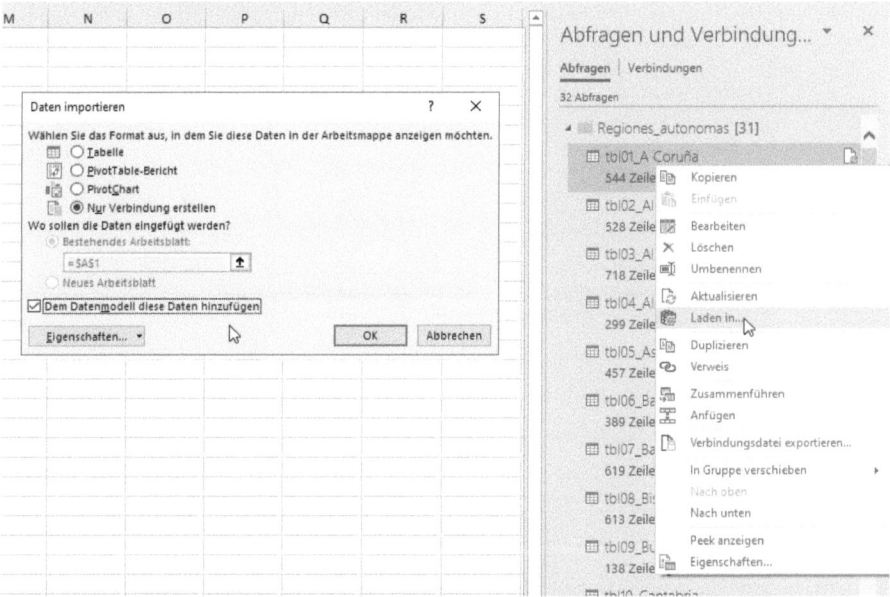

wird jede Abfrage als Tabelle „gespeichert", so dass die Dateigröße von ursprünglich 3,6 Mbyte auf fast 15 Mbyte anwächst.

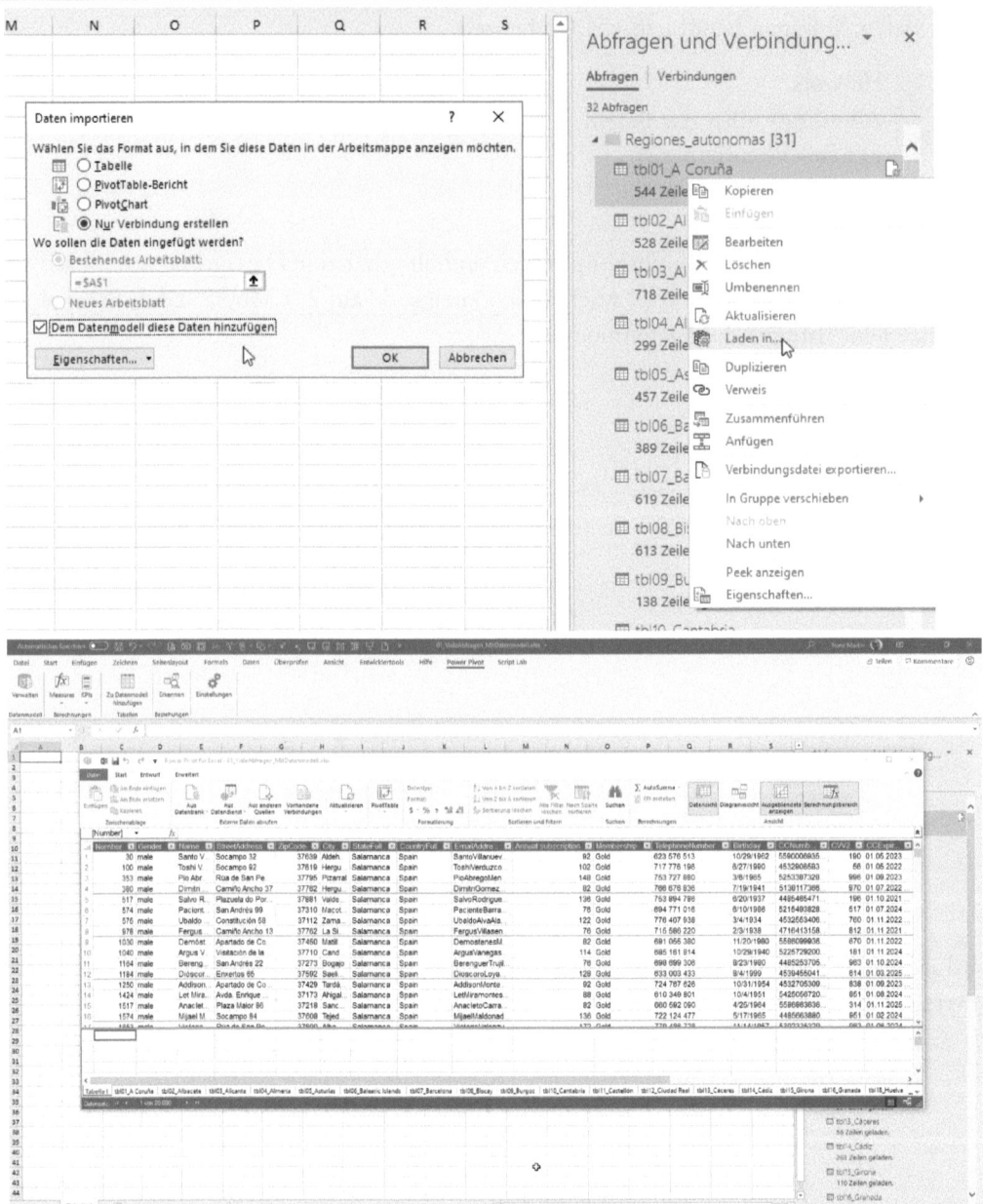

Interessanterweise wird die Datei nicht sehr viel größer, wenn alle 32 Tabellen nach Excel geladen werden.

Hinweis

Auch wenn das Speichermanagement von PowerQuery sehr gut ist, ist dennoch Vorsicht mit dem Datenmodell geboten. Wird es nicht gebraucht, empfehle ich die Daten **NICHT** hineinzuladen – es vergrößert den Speicherplatz enorm!

10.3 Abfragen anfügen

Auch beim umgekehrten Schritt ist Vorsicht geboten.

In einer Abfrage greife ich auf die 32 Tabellen(blätter) einer Datei zu und füge sie untereinander zu einer Tabelle zusammen:

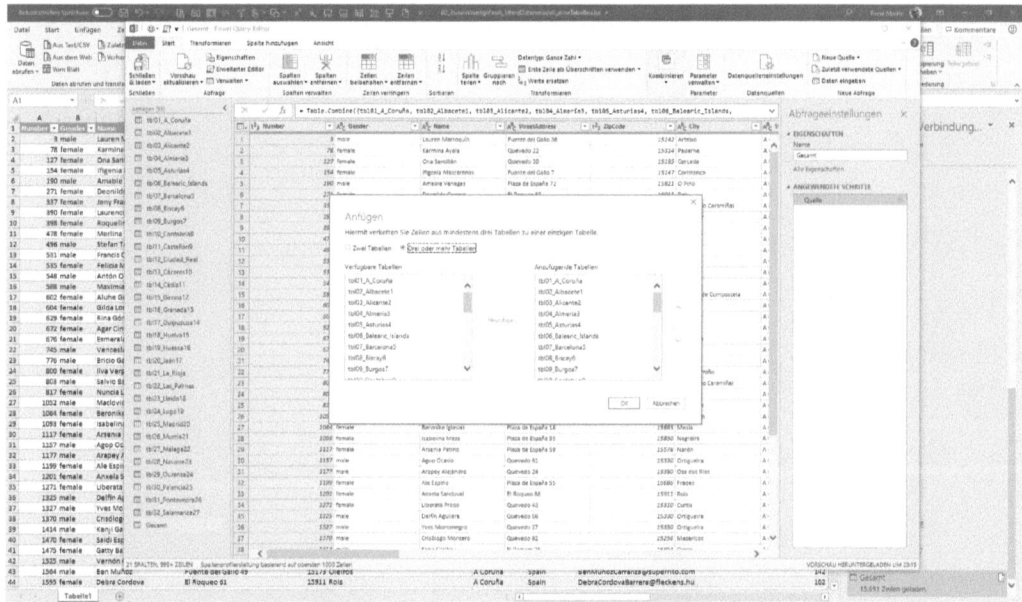

PowerQuery wird sehr langsam!

10.4 Abfrage auf Abfrage auf Abfrage auf ...

Auch vom nächsten Modell sollte man Abstand nehmen:

tbl_02 greift auf tbl_01 zu, tbl_03 auf tbl_02, tbl_04 auf tbl_03, ...

Abfrage auf Abfrage auf Abfrage auf …

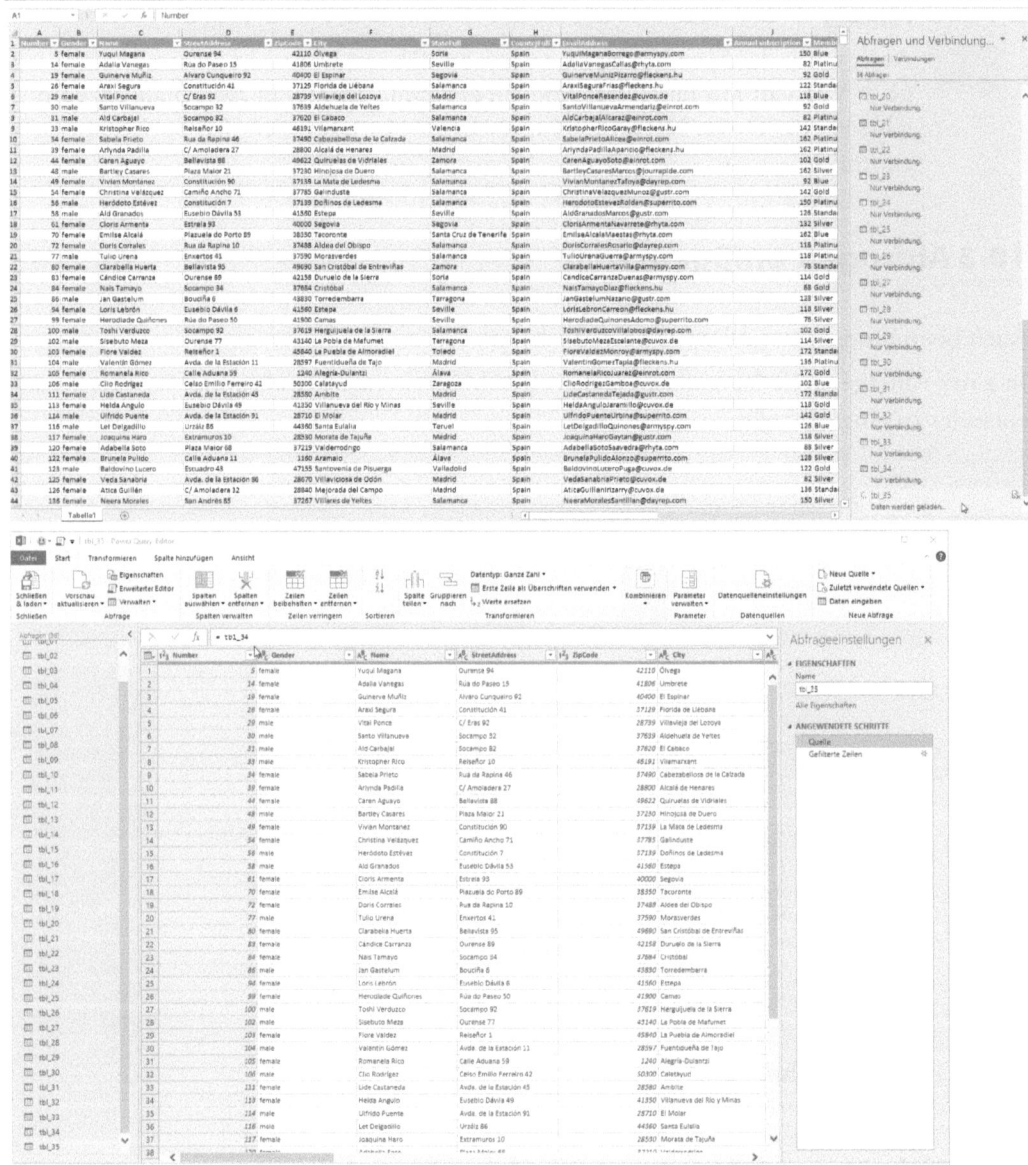

Die Folge: Geschwindigkeitseinbußen!

10.5 Datentypen ändern

Ich wollte wissen, ob und wie sich die geänderten Datentypen auf die Performance niederschlägt. Hintergedanke: In Datenbanken sollte man den Datentyp so klein wie möglich wählen, um Speicherplatz zu sparen. Und in PowerQuery?

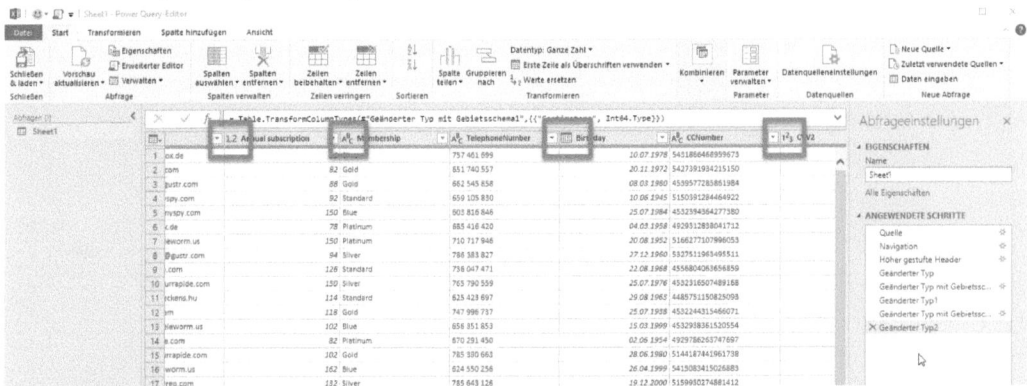

Weder auf Dateigröße noch auf Geschwindigkeit hatte die Datentypfestlegung einen großen Einfluss.

10.6 „Große" Dateien?

Ich dupliziere das Tabellenblatt mit den fast 500.000 gefüllten Zellen mehrmals und erhalte so zehn identische Tabellenblätter. Speichere die Datei ab (25 Mbyte). Die Zugriffszeit ist **nicht** eklatant langsamer geworden. Das kenne ich vom Zugriff auf Datenbanken mit mehreren Millionen Datensätzen. Da PowerQuery **nie ALLE** Daten verarbeitet:

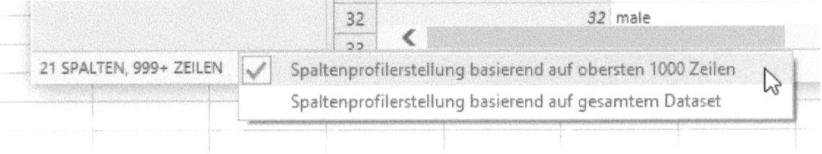

liegt die Erklärung auf der Hand.

Ebenso bei Formeln. Auf einem zweiten Tabellenblatt lasse ich Werte über

```
=XVERWEIS($A2;Tabelle1[[Number]:[Number]];
INDIREKT("Tabelle1["&B$1&"]"))
```

151

erneut anzeigen. Während das Öffnen dieser 14 Mbyte großen Datei einige Sekunden dauert, hat PowerQuery keine Probleme diese Daten abzugreifen. Die Neuberechnung wird deaktiviert – „geholt" werden nur die Daten.

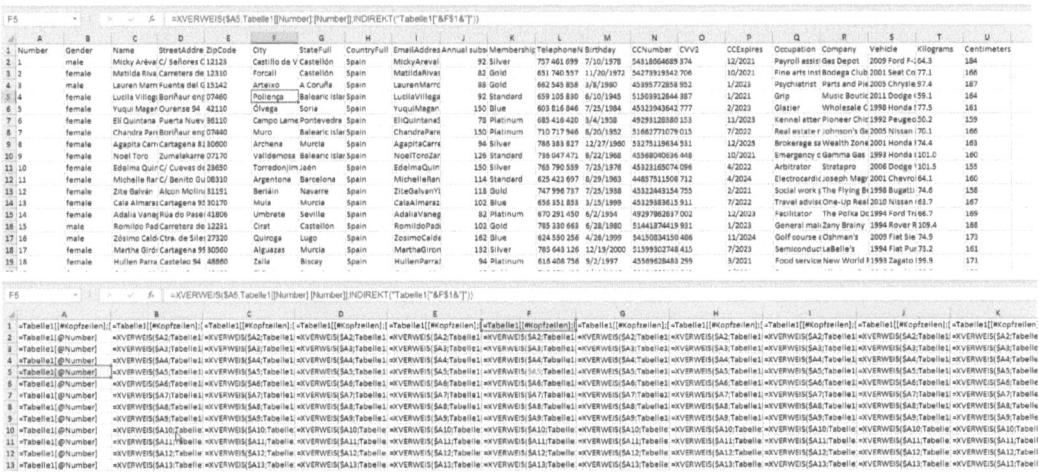

Anders sieht es jedoch in folgendem Fall aus: Auch durch Speichern lässt sich manchmal ein benutzter Bereich nicht entfernen (beispielsweise wenn Zahlenformate in einem Tabellenblatt vorhanden sind). Durch das Drücken der Tastenkombination [Strg] + [Ende] „springt" der Cursor in die letzte Spalte 16.384 (XFD).

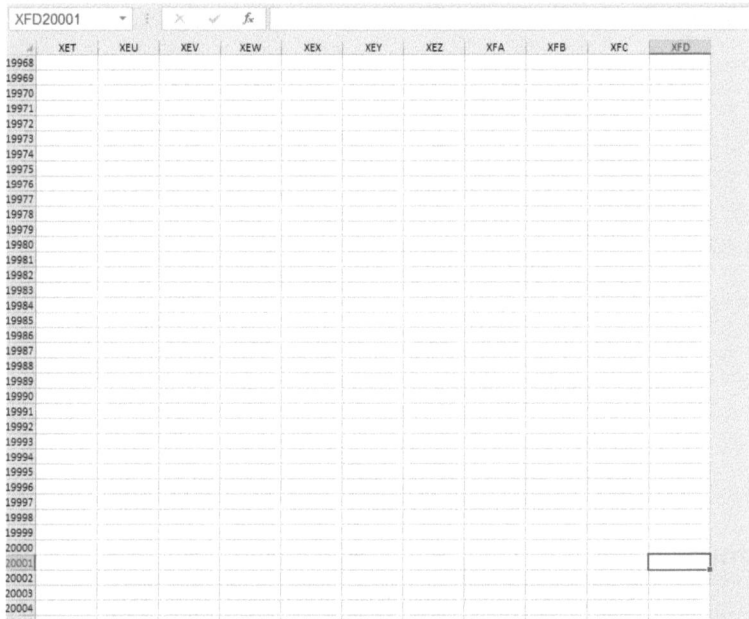

Auch wenn in den letzten 16.360 Spalten keine Informationen zu finden sind, greift nun PowerQuery auf diese 16.384 Spalten zu. Und das hat seinen Preis – das bremst enorm aus!

Hinweis

Übrigens findet sich die Referenz auf diese nicht benutzen Zellen im XML-Code des Tabellenblatts im Element `<dimension>`:

153

```
sheet3.xml* ⊕ ×
    <?xml version="1.0" encoding="UTF-8" standalone="yes"?>
  <worksheet xmlns="http://schemas.openxmlformats.org/spreadsheetml/2006/main" xmlns
    schemas.openxmlformats.org/drawingml/2006/spreadsheetDrawing" xmlns:x14="http://s
    schemas.openxmlformats.org/markup-compatibility/2006" mc:Ignorable="x14ac xr xr2
    xmlns:xr="http://schemas.microsoft.com/office/spreadsheetml/2014/revision" xmlns:
    schemas.microsoft.com/office/spreadsheetml/2016/revision3" xr:uid="{81D0FB8D-1D48
    <sheetPr codeName="Tabelle14">
      <pageSetUpPr fitToPage="1"/>
    </sheetPr>
    <dimension ref="A1:XFD179"/>
    <sheetViews>
      <sheetView tabSelected="1" topLeftCell="A100" zoomScale="90" zoomScaleNormal='
        <selection activeCell="B111" sqref="B111"/>
      </sheetView>
    </sheetViews>
    <sheetFormatPr baseColWidth="10" defaultColWidth="10.28515625" defaultRowHeight=
    <cols>
      <col min="1" max="1" width="4.42578125" bestFit="1" customWidth="1"/>
      <col min="2" max="2" width="46.42578125" customWidth="1"/>
      <col min="3" max="3" width="10.28515625" customWidth="1"/>
```

10.7 Laufende Summe

Mit zwei Wörtern: **BLOSS NICHT**!

Mit dem Befehl

```
= Table.AddColumn(#"Hinzugefügter Index03", "LaufendeSumme03",
each List.Sum(List.Range(#"Hinzugefügter Index"[Kilograms] , 0 ,
[Index])))
```

kann eine laufende Summe berechnet werden.

Erklärung: `List.Range` ermittelt eine Liste vom ersten bis zum aktuellen Datensatz `[Index]`. Diese Liste wird summiert (`List.Sum`). Das Ergebnis dieser Berechnungen wird eingetragen.

Ich habe ein Szenario mit drei laufenden Summen über jeweils 20.000 Zeilen erstellt.

154

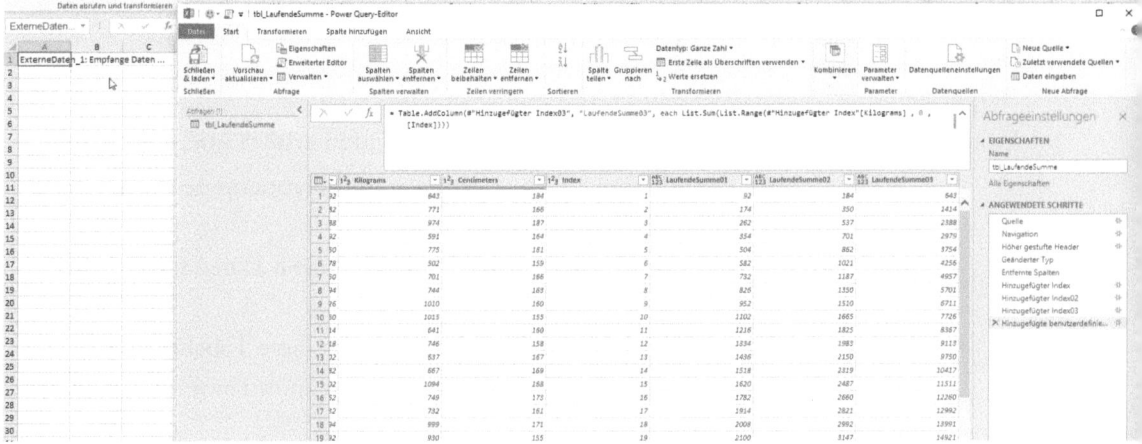

Auf das Ergebnis warte ich noch immer …

10.8 Primärschlüssel

Mit dem Befehl

`Table.AddKey`

kann ein Primärschlüssel über den dritten Parameter `isPrimary` hinzugefügt werden. Die Geschwindigkeitsvorteile sind jedoch sehr gering.

10.9 Langsame Datenquellen

Einige Datenquellen (vor allem einige Seiten im Internet) benötigen sehr lange beim Datenzugriff. Wer dies testen oder vergleichen möchte, greife auf die beiden Seiten

`https://www.consorsbank.de/ev/Wertpapierhandel/Kurse-Maerkte/Waehrungen`

und

`finanzen.net/devisen`

mit PowerQuery zu – die erste ist sehr langsam im Vergleich zur zweiten.

10.10 Fazit

Aufpassen!

Einige Dinge bremsen PowerQuery enorm aus. Diese sind in erster Linie zu finden bei:

- Verknüpfungen von Abfragen, Gruppierungen und Pivotierungen von großen Datenmengen (und Kombinationen aus diesen).
- Vertikales Rechnen (beispielsweise beim Kumulieren von Daten („laufende Summe"))
- Werden die Daten ins Datenmodell geladen, werden diese Tabellen in der Excelmappe gespeichert. In Excel bedeutet das einen enorm anwachsenden Speicherbedarf für die Dateigröße.
- Abhilfe kann schaffen:
  - Table.Buffer und List.Buffer
  - Das Aktivieren der Option „schnelles Laden" in den Eigenschaften:

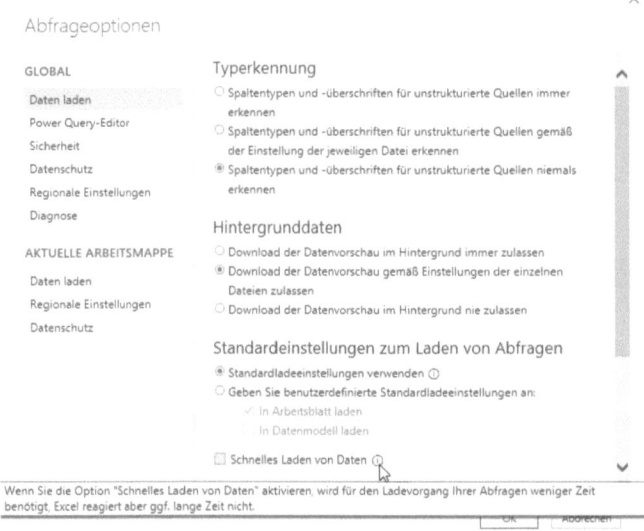

Das Deaktivieren der Datenvorschau beim Laden

Weiter Informationen beschreibt Imke Feldmann auf ihrem Blog

`https://www.thebiccountant.com/`

Dort auf:

`https://www.thebiccountant.com/speedperformance-aspects/`

Sie verweist auf Chris Webbs Blog:

`https://blog.crossjoin.co.uk/`

Auch dort finden sich nützliche Hinweise zur Optimierung von PowerQuery.

11 Eine Lösung mit PowerQuery – ohne Makros

Excelstammtisch vom 06.12.2021

11.1 Der Hintergrund

Bei der Landeshauptstadt München wurde bislang libreOffice Calc eingesetzt. Dem Kommunalreferat steht eine Datenbank zur Verfügung, die eine Liste der Immobilien exportiert, aufbereitet und „per Hand" weiter verarbeitet wird:

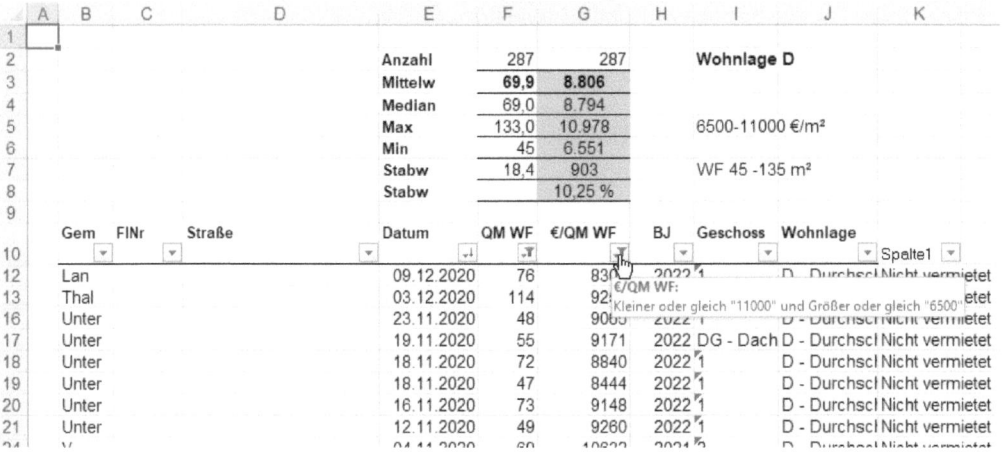

Die Filterung wird per Hand vorgenommen, das Filterkriterium in den Kopf des Tabellenblattes eingetragen. Mögliche nicht passende Daten werden per Hand aus der Liste entnommen. Diese Ergebnisse werden in ein weiteres Blatt kopiert und dort für einen Bericht aufgearbeitet:

| A1 | ⌄ | : | × | ✓ | *fx* | |

Tab. 29 Apartments[1]

Wohnlage	Neubau-Apartments					Baujahrs-gruppe	Wiederverkaufte Apartments				
	Anzahl[2]	Ø WF m²	Mittelwert[3] €/m² WF	Standard-abweichung[4]			Anzahl[2]	Ø WF m²	Mittelwert[5] €/m² WF	Standard-abweichung[4]	
						bis 1929	7	36	9.850	+/- 20 %	
						1930 - 1949	5)		8.000[5]		7% über dem Wert der Wohnungen (Analyse zur Steigerung s. Calc Tabelle „Abweichung Whg-Apart)
						1950 - 1959	7	37	7.550	+/- 15 %	
Durchschnitt-liche Lage	88	36	10.500	+/- 10 %		1960 - 1969	86	31	7.600	+/- 15 %	
						1970 - 1979	100	33	7.850	+/- 15 %	
						1980 - 1989	21	37	7.850	+/- 15 %	
						1990 - 1999	12	37	9.850	+/- 15 %	
						2000 - 2009	7	39	8.400	+/- 15 %	
						2010 - 2017	3	35	8.350	+/- 15 %	
						bis 1929	5)		11.400[5]		Ableitung aus KPS-Auszug über größeren Zeitraum
						1930 - 1949	5)		9.200[5]		2% über dem Wert der Wohnungen (Analyse zur Steigerung s. Calc Tabelle „Abweichung Whg-Apart)
						1950 - 1959	7	36	8.150	+/- 20 %	
Gute Lage	39	37	11.350	+/- 15 %		1960 - 1969	22	31	8.700	+/- 20 %	
						1970 - 1979	53	31	8.750	+/- 15 %	
						1980 - 1989	9	40	8.400	+/- 10 %	
						1990 - 1999	7	36	7.750	+/- 10 %	
						2000 - 2017	7	36	11.450	+/- 15 %	
						bis 1929	5	37	12.050	+/- 10 %	
						1930 - 1949	5)		9.700[5]		0% über dem Wert der Wohnungen (Analyse zur Steigerung s. Calc Tabelle „Abweichung Whg-Apart)
						1950 - 1959	7	34	12.050	+/- 15 %	
Gute zentrale Lage						1960 - 1969	17	31	9.750	+/- 20 %	
						1970 - 1979	11	30	9.350	+/- 20 %	
						1980 - 1989	3	31	13.900	+/- 15 %	
						1990 - 1999	4	40	13.100	+/- 10 %	
						2000 - 2017	5)		12.400[5]		0% über dem Wert der Wohnungen (Analyse zur Steigerung s. Calc Tabelle „Abweichung Whg-Apart)

1) Wohnfläche < 45 m²
2) Anzahl der ausgewerteten Objekte
3) Arithmetischer Mittelwert
4) Definition siehe Seite 7
5) Ableitung der Wertangabe basiert aufgrund fehlender oder geringer aktueller Kauffälle auf Analyse ergänzender Daten. Bei der Abfrage von spezifischen einzelnen Vergleichswerten können unter Berücksichtigung zusätzlicher Objektmerkmale gezieltere Angaben gemacht werden.

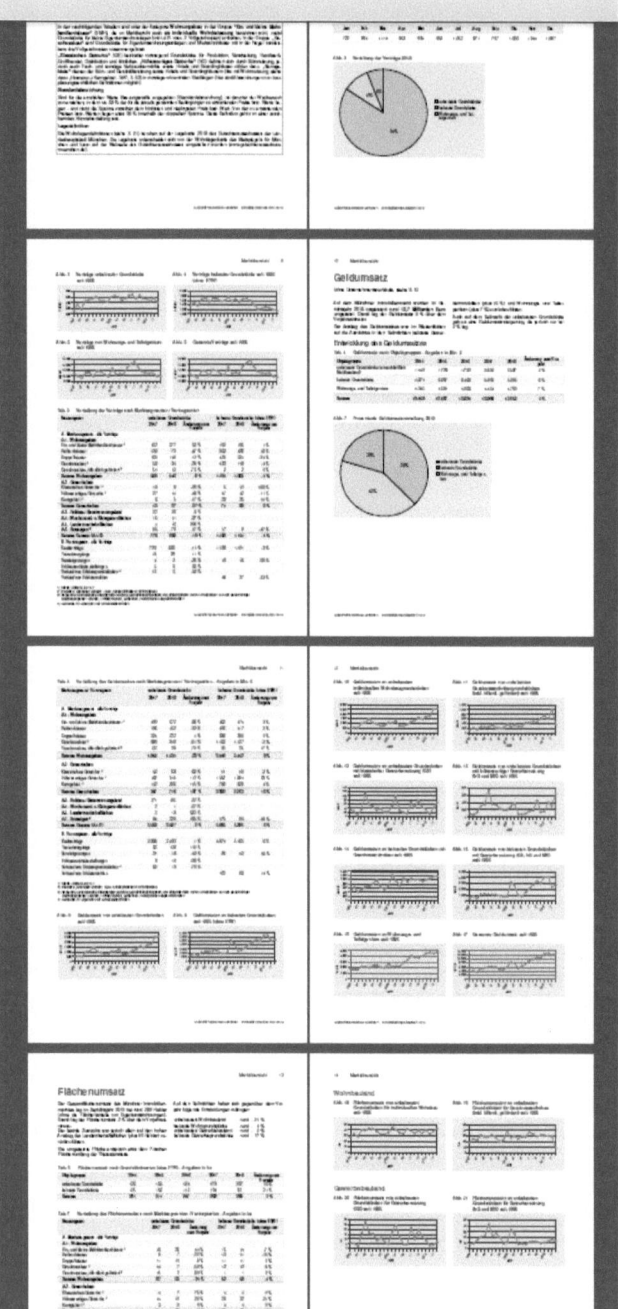

160

11.2 Die Aufgabe

Bei der Umstellung auf Microsoft Excel überlegten sich die Verantwortlichen das Werkzeug mit den Assistenten von Excel aufzubereiten. Und hier meine Lösung:

11.3 Die Daten

In regelmäßigen Abständen erfolgt ein Datendownload. Diese Excelmappe wird in einem Ordner gespeichert. Greift man mit PowerQuery darauf zu, steht der Pfad „hart" codiert im Code:

Der Dateiname und der Pfad werden in eine Zelle ausgelagert, in Excel in eine (intelligente) Tabelle verwandelt:

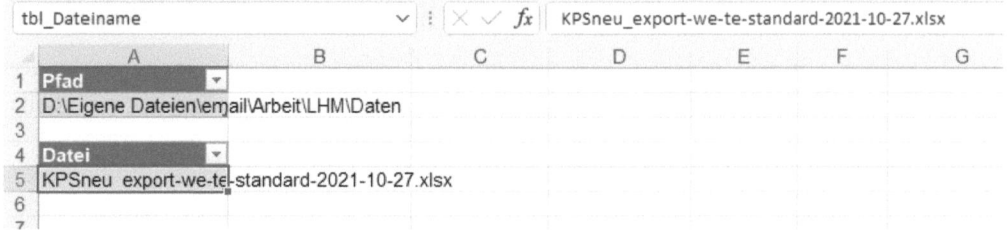

Die Tabellen heißen *tbl_Pfad* und *tbl_Dateiname*. Diese werden nach PowerQuery als Tabelle „gezogen" und dort wird die letzte Zeile per Drilldown als „Variable", das heißt als Text gespeichert:

Die Daten

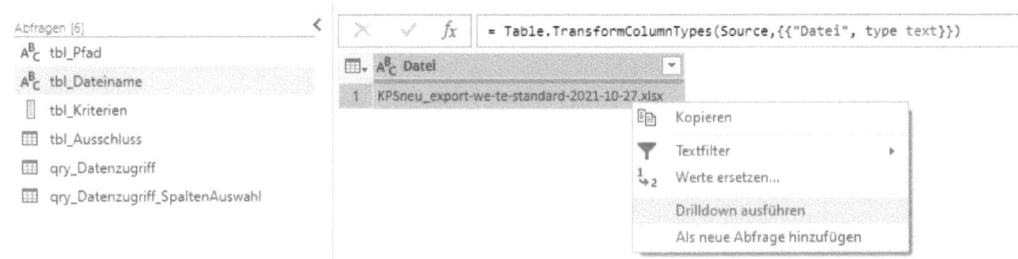

So können diese Variablen im M-Code verwendet werden. Und so wird der Datenzugriff dynamisch:

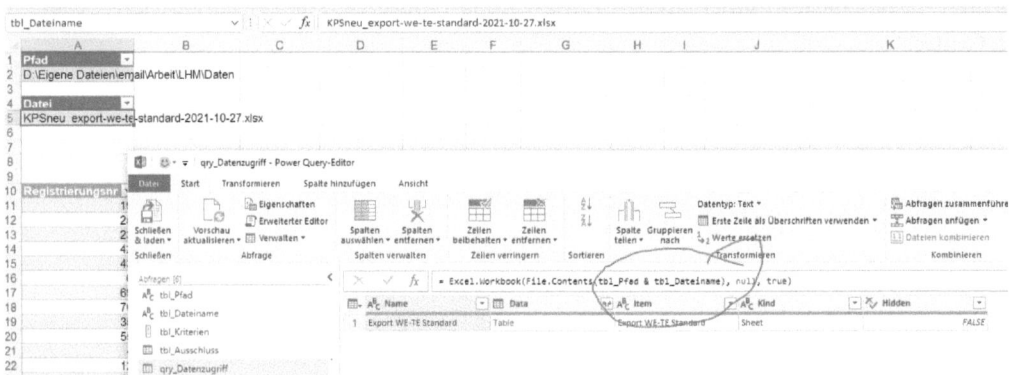

Diese Tabelle wird *qry_Datenzugriff* genannt und nach Excel zurückgegeben.

Hinweis

Dadurch, dass nun der Code zusammengebaut wird, greifen die Sicherheitsein-stellungen von PowerQuery. Man erhält eine Fehlerzeile:

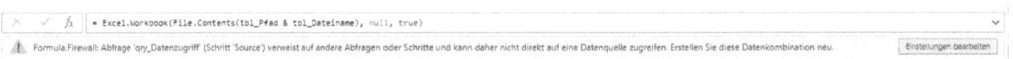

Diese Optionen können in *Daten / Daten abrufen / Abfrageoptionen* können deaktiviert werden – dort in der aktuellen Arbeitsmappe muss man beim Datenschutz die Sicherheits-stufen ignorieren:

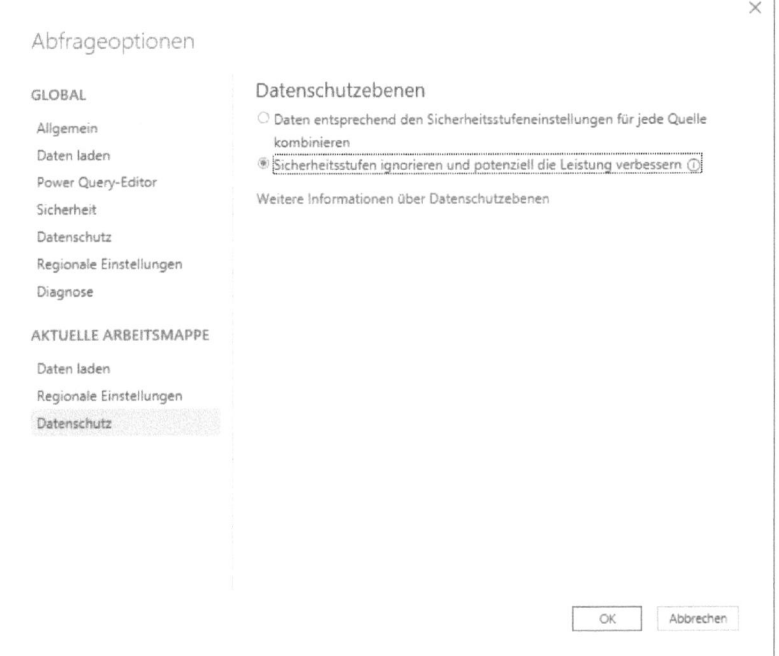

11.4 Filter: Spalten und Zeilen

Damit der Zugriff dynamisch bleibt werden zwei Filter eingefügt: einmal auf die Spalten, einmal auf die Zeilen.

Alle Spaltennamen werden aufgelistet. Hierzu leistet die Funktion BEREICH.VER-SCHIEBEN gute Dienste:

```
=BEREICH.VERSCHIEBEN(Daten!$A$9;1;ZEILE(A1)-1)
```

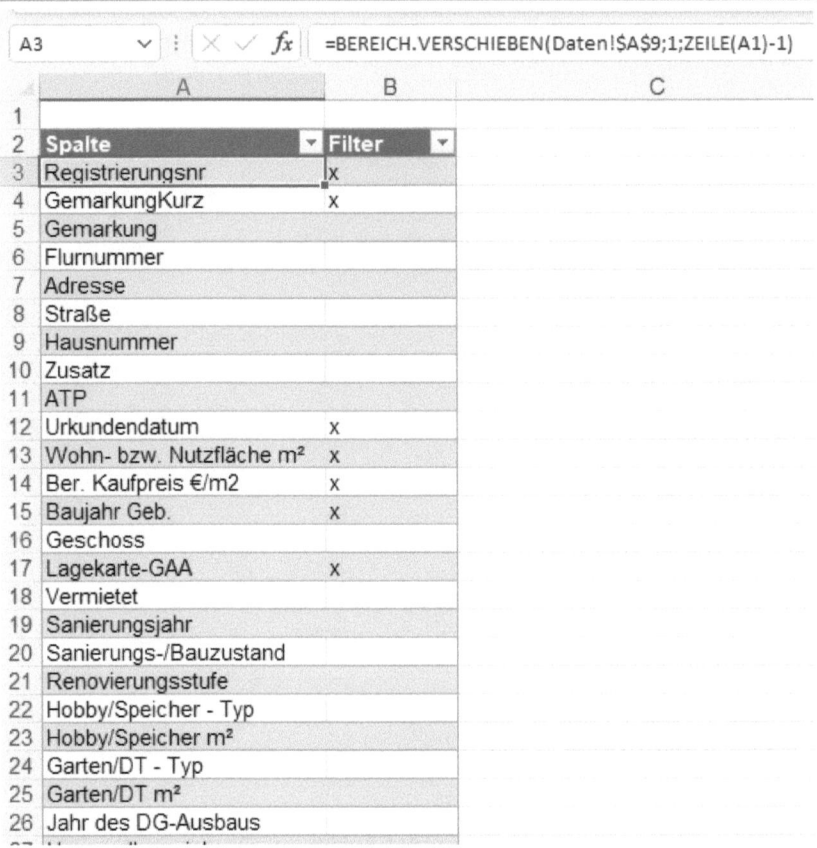

Diese Tabelle wird nach PowerQuery „gezogen", dort die ausgewählten Zeilen gefiltert und in eine Liste konvertiert (per Drilldown)

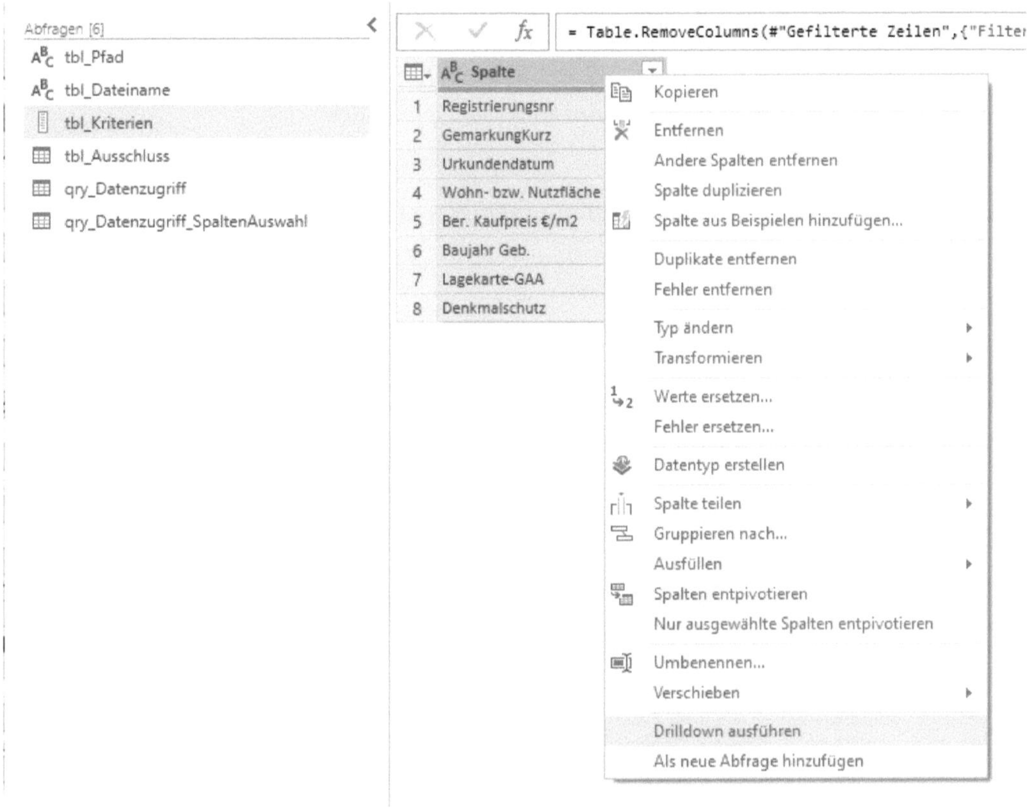

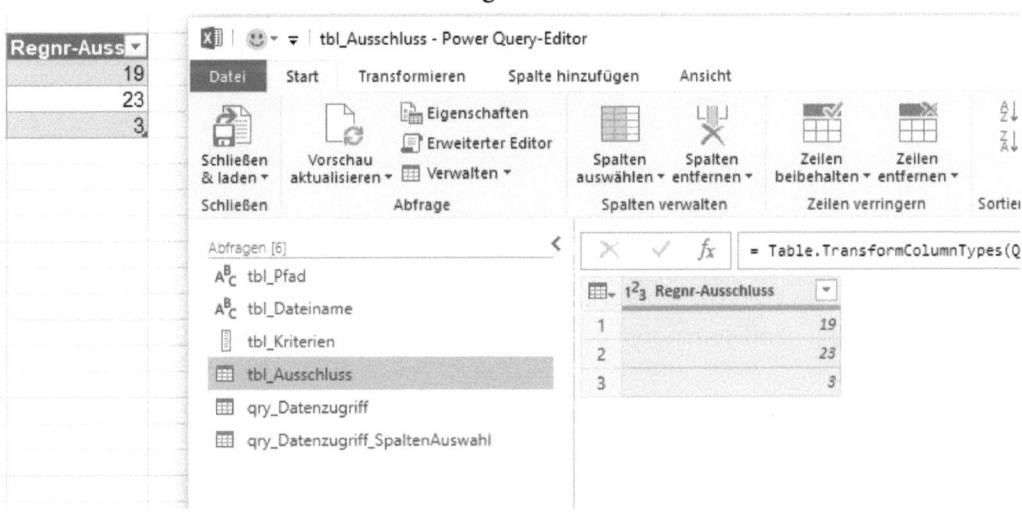

Abfragen [6]

A^B_C tbl_Pfad
A^B_C tbl_Dateiname
 tbl_Kriterien
 tbl_Ausschluss
 qry_Datenzugriff
 qry_Datenzugriff_SpaltenAuswahl

f_x = Table.RemoveColumns(#"Gefilterte Zeilen",{"Filter

A^B_C Spalte

1	Registrierungsnr
2	GemarkungKurz
3	Urkundendatum
4	Wohn- bzw. Nutzfläche
5	Ber. Kaufpreis €/m2
6	Baujahr Geb.
7	Lagekarte-GAA
8	Denkmalschutz

Kopieren
Entfernen
Andere Spalten entfernen
Spalte duplizieren
Spalte aus Beispielen hinzufügen...
Duplikate entfernen
Fehler entfernen
Typ ändern ▶
Transformieren ▶
Werte ersetzen...
Fehler ersetzen...
Datentyp erstellen
Spalte teilen ▶
Gruppieren nach...
Ausfüllen ▶
Spalten entpivotieren
Nur ausgewählte Spalten entpivotieren
Umbenennen...
Verschieben ▶
Drilldown ausführen
Als neue Abfrage hinzufügen

Ebenso wird eine Ausschluss-Tabelle erzeugt:

Regnr-Auss ▾
19
23
3

tbl_Ausschluss - Power Query-Editor

Datei Start Transformieren Spalte hinzufügen Ansicht

Eigenschaften
Erweiterter Editor
Verwalten ▾

Schließen & laden ▾   Vorschau aktualisieren ▾   Spalten auswählen ▾   Spalten entfernen ▾   Zeilen beibehalten ▾   Zeilen entfernen ▾

Schließen   Abfrage   Spalten verwalten   Zeilen verringern   Sortier

Abfragen [6]

A^B_C tbl_Pfad
A^B_C tbl_Dateiname
 tbl_Kriterien
 tbl_Ausschluss
 qry_Datenzugriff
 qry_Datenzugriff_SpaltenAuswahl

f_x = Table.TransformColumnTypes(Q

1$^2_3$ Regnr-Ausschluss

1	19
2	23
3	3

Beide Tabellen bilden die Grundlage für das Filtern (nach Zeile und nach Spalte)

Auf die erste Tabelle (*qry_Datenzugriff*) wird eine Verknüpfung hergestellt.

Die „Spaltentabelle" (*tbl_Kriterien*) wird im Code verwendet:

```
= Table.SelectColumns(Quelle,tbl_Kriterien)
```

Die zweite Tabellen wird für eine Verknüpfung verwendet:

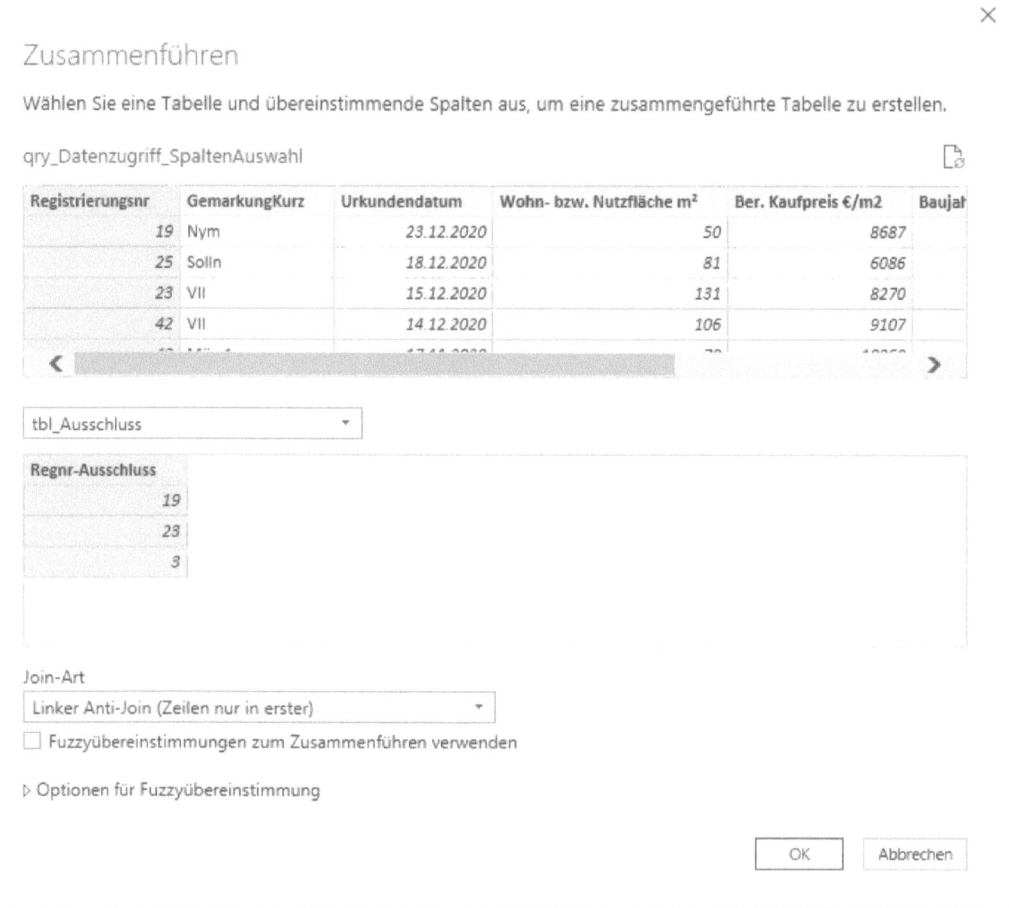

Wichtig: der linke Anti-Join sorgt dafür, dass diese Zeilen aus der ursprünglichen Liste gefiltert werden.

Die letzte Spalte kann gelöscht werden:

Das Ergebnis wird nach Excel zurück geschrieben und bildet die Datenbasis:

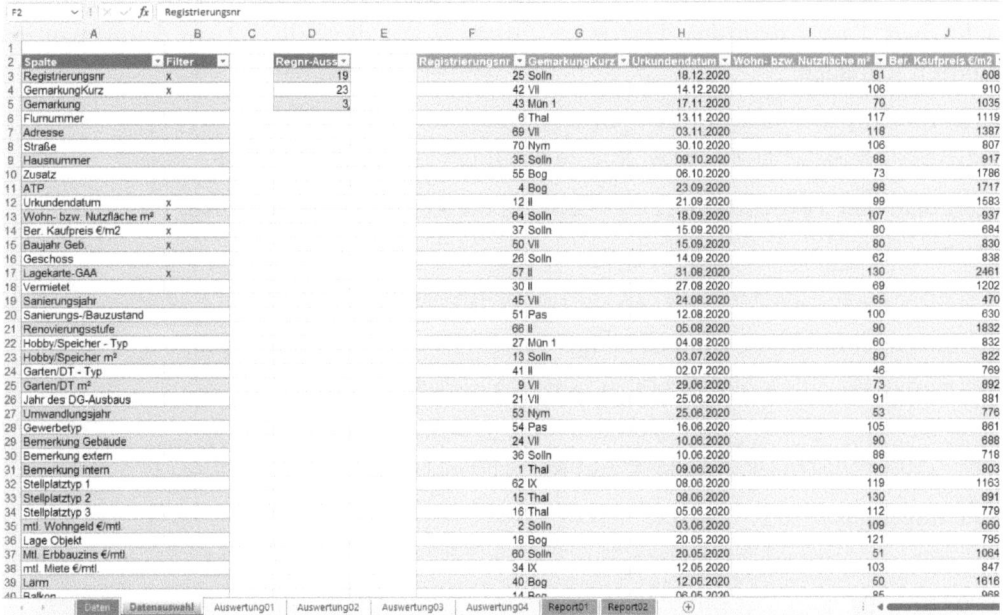

 Hinweis

Da in der Spalte Registrierungsnummer die ID, also der Schlüsselwert steht, darf dieser nicht gelöscht werden.

11.5 Weitere Filter

Ich benötige weitere Filter.

Excel stellt folgende Filter zur Verfügung:

- Der Autofilter. Er zeigt beim Darüberfahren das Filterkriterium an.
- Der Spezialfilter („erweitert"). Er muss beim Ändern der Kriterien erneut aufgerufen werden.
- Der Datenschnitt. Er setzt eine (intelligente) Tabelle voraus und kann nicht Zahlenbereiche (> oder <) filtern.
- Filterungen über PowerQuery. Man muss die Listen aktualisieren!
- Die Funktion FILTER

Die Funktion FILTER holt die entsprechenden Daten aus der Liste. Sie wird in der Form

```
=FILTER(qry_Datenzugriff_SpaltenAuswahl;
qry_Datenzugriff_SpaltenAuswahl[Lagekarte-GAA]="B - Beste")
```

geschrieben. Lagert man den Text B - Beste in die Zelle B2 aus, kann man die Funktion schreiben:

```
=FILTER(qry_Datenzugriff_SpaltenAuswahl;
qry_Datenzugriff_SpaltenAuswahl[Lagekarte-GAA]=B2)
```

Lagert man den Text Lagekarte-GAA in die Zelle A2 aus, muss man verketten:

```
=FILTER(qry_Datenzugriff_SpaltenAuswahl;
INDIREKT("qry_Datenzugriff_SpaltenAuswahl["&A2&"]")=B2)
```

Will man zwei Kriterien mit einem logischen UND verketten muss man schreiben:

```
=FILTER(qry_Datenzugriff_SpaltenAuswahl;
(qry_Datenzugriff_SpaltenAuswahl[Lagekarte-GAA]="B - Beste")*
(qry_Datenzugriff_SpaltenAuswahl[Baujahr Geb.]<=1923))
```

Oder ausgelagert:

```
=FILTER(qry_Datenzugriff_SpaltenAuswahl;
(INDIREKT("qry_Datenzugriff_SpaltenAuswahl["&A2&"]")=B2)*
(INDIREKT("qry_Datenzugriff_SpaltenAuswahl["&D2&"]")<=F2))
```

Beim Verknüpfungsoperator ZWISCHEN muss man natürlich schreiben:

```
=FILTER(qry_Datenzugriff_SpaltenAuswahl;
(INDIREKT("qry_Datenzugriff_SpaltenAuswahl["&A2&"]")=B2)*
(INDIREKT("qry_Datenzugriff_SpaltenAuswahl["&D2&"]")>=E2))
(INDIREKT("qry_Datenzugriff_SpaltenAuswahl["&D2&"]")<=F2))
```

Sollte nun eine der Zellen leer sein, soll der Filter keine Anwendung finden. Da WAHR dem Wert 1 entspricht, multipliziert man die vorhandenen Werte mit 1, also:

```
=FILTER(qry_Datenzugriff_SpaltenAuswahl;
(WENN(ODER(A2="";B2="");
SEQUENZ(ZEILE(qry_Datenzugriff_SpaltenAuswahl);1;1;0);
qry_Datenzugriff_SpaltenAuswahl[Lagekarte-GAA]=B2))*
(INDIREKT("qry_Datenzugriff_SpaltenAuswahl["&D2&"]")<=F2))
```

Und für beide Kriterien:

```
=FILTER(qry_Datenzugriff_SpaltenAuswahl;
(WENN(ODER(A2="";B2="");
SEQUENZ(ZEILE(qry_Datenzugriff_SpaltenAuswahl);1;1;0);
qry_Datenzugriff_SpaltenAuswahl[Lagekarte-GAA]=B2))*
WENN(ODER(D2="";E2="";F2="");
SEQUENZ(ZEILE(qry_Datenzugriff_SpaltenAuswahl);1;1;0);
(INDIREKT("qry_Datenzugriff_SpaltenAuswahl["&D2&"]")<=F2)*
(INDIREKT("qry_Datenzugriff_SpaltenAuswahl["&D2&"]")>=E2)))
```

Und das Ganze kann man für mehrere Kriterien ausbauen:

Leider liefert die Funktion FILTER nicht die Überschrift. Sie kann in einer zweiten Funktion ermittelt werden:

```
=qry_Datenzugriff_SpaltenAuswahl[#Kopfzeilen]
```

Nun kann man Anzahl, Mittelwert, Median, … berechnen:

```
=TEILERGEBNIS(2;BEREICH.VERSCHIEBEN(D$10;1;0;
ZEILEN(qry_Datenzugriff_SpaltenAuswahl);1))
```

Oder auch direkt mit Anzahl, da die Funktion FILTER ja die Daten gefiltert hat:

```
=ANZAHL(BEREICH.VERSCHIEBEN(D10;1;0;ZEILEN(A11#);1))
```

Hinweis
Leider kann mit dieser Berechnung keine ODER-Filterung durchgeführt werden.

Hinweis
Eine Sortierung ist nicht möglich. Man muss die Originalliste sortieren.

11.6 Die „Köpfe"

Im Kopfbereich befinden sich die Berechnungen, beispielsweise

```
=TEILERGEBNIS(2;BEREICH.VERSCHIEBEN(F$17;1;0;
ZEILEN(qry_Datenzugriff_SpaltenAuswahl);1))
```

	F9		✓	fx	=TEILERGEBNIS(2;BEREICH.VERSCHIEBEN(F$17;1;0;ZEILEN(qry_Datenzugriff_SpaltenAuswahl);1))							
	A	B	C	D	E	F	G	H	I	J	K	L	M
1	Spalte	Kriterium (=)		Spalte	Kriterium zwischen							
2	Lagekarte-GAA	D - Durchschnitt		Baujahr Geb.	1800	1929						
3				Ber. Kaufpreis €/m2	5500	1000000						
4												
5												
6												
7												
8												
9	R			Anzahl		55	55					
10	R			Mittelw		76,91	9.118,44					
11	R			Median	04.07.2020	75	9.262					
12	R			Max	30.12.2020	126	12.231	1929				
13	R			Min	09.01.2020	46	6.250	1864				
14	R			Stabw		21	1.517					
15	R			Stabw		27,72%	16.63%					
16												
17	Registrierungsnr	Gemarkung	K Flurnummer	Adresse		Urkundendati	Wohn- bzw.	Ber. Kaufprei	Baujahr Geb.	Geschoss	Lagekarte-GA	Vermietet	Regnr-Ausschluss
18	552	VII		0	0	30.12.2020	55	7014	1911	3	D - Durchsch	Nicht vermiet	0
19	64	Nym		0	0	23.12.2020	83	7612	1928	1	D - Durchsch	Nicht vermiet	0
20	478	V		0	0	21.12.2020	88	8629	1900	1	D - Durchsch	Nicht vermiet	0
21	563	VII		0	0	17.12.2020	52	10890	1902	UN - Unbekannt	D - Durchsch	Nicht vermiet	0
22	195	VI		0	0	09.12.2020	52	9489	1912	EG - Erdgeschoss	D - Durchsch	Nicht vermiet	0
23	229	VI		0	0	03.12.2020	54	7709	1910	UN - Unbekannt	D - Durchsch	Nicht vermiet	0
24	368	VIII		0	0	20.11.2020	99	11383	1987	2	D - Durchsch	Nicht vermiet	0
25	418	V		0	0	19.11.2020	75	9154	1894	1	D - Durchsch	Nicht vermiet	0
26	676	Neu		0	0	19.11.2020	55	10420	1925	EG - Erdgeschoss	D - Durchsch	Nicht vermiet	0
27	704	Nym		0	0	13.11.2020	55	10853	1926	EG - Erdgeschoss	D - Durchsch	Nicht vermiet	0

11.7 Die Reports

In einer weiteren Datei werden auf Basis dieser Daten die Reports erzeugt.

Dort werden die „Köpfe" und die gefilterten Daten in einer intelligenten Tabelle über PowerQuery zusammengefasst:

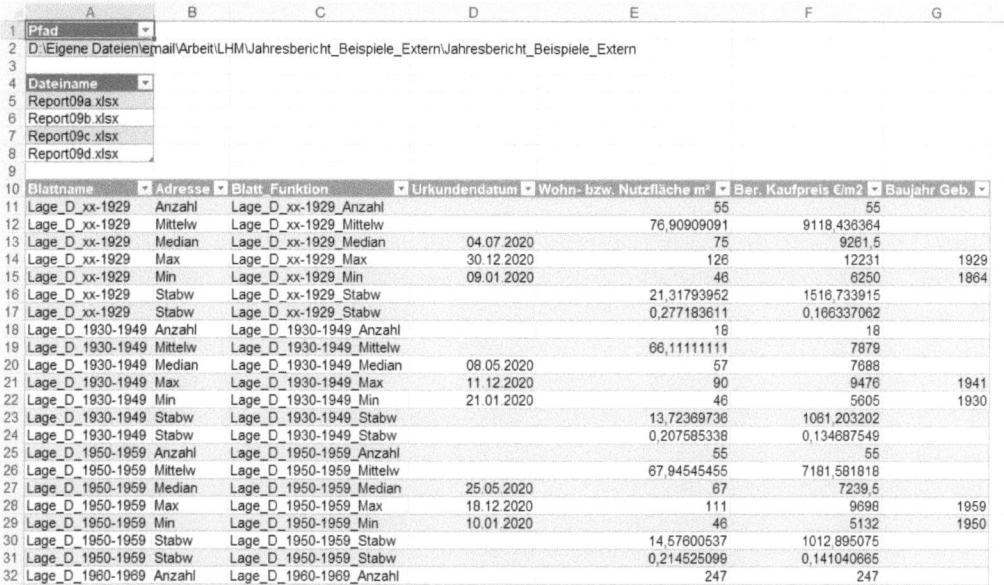

Die Berichte verwenden diese Daten. XVERWEIS leistet gute Dinge:

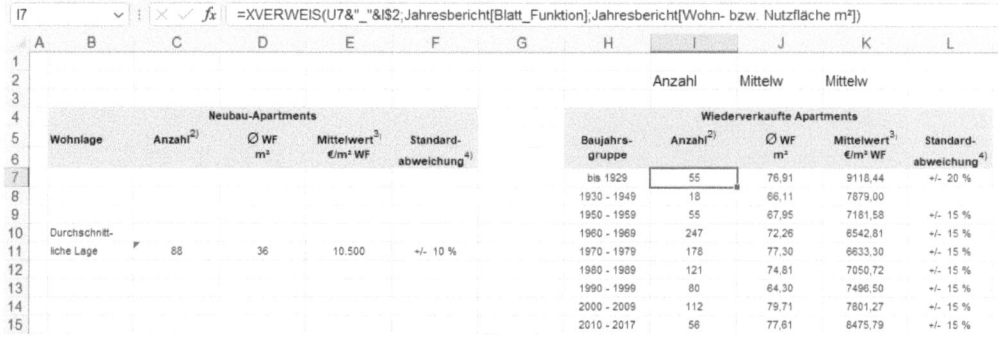

Auch ein automatischer Umbruch kann mit Formeln und bedingter Formatierung erzeugt werden:

J7	∨ : × ✓ fx	=WENN(ZEILE(A1)*2+1>=$B$2;"";J6+1)

	A	B	C	D	E	F	G	H	I	J	K	L	M
1	Jahr	Anzahl											
2		20		Tab. 31 Preisentwicklung von Neubau-Wohnungen									
3													
4	2000	3475		Jahr	Kaufpreis	Index	Änderung			Jahr	Kaufpreis	Index	Änderung
5	2001	3600			€/m² WF		zum Vorjahr				€/m² WF		zum Vorjahr
6	2002	3800		2000	3.475					2010	4.050		
7	2003	3700		2001	3.600					2011	4.450		
8	2004	3600		2002	3.800					2012	5.050		
9	2005	3500		2003	3.700					2013	5.700		
10	2006	3500		2004	3.600					2014	5.950		
11	2007	3550		2005	3.500					2015	6.300		
12	2008	3650		2006	3.500					2016	7.150		
13	2009	3750		2007	3.550					2017	7.400		
14	2010	4050		2008	3.650					2018	8.100		
15	2011	4450		2009	3.750					2019	8.650		
16	2012	5050											
17	2013	5700											
18	2014	5950											
19	2015	6300											
20	2016	7150											
21	2017	7400											
22	2018	8100											
23	2019	8650											
24	2020												
25	2021												
26	2022												
27	2023												
28	2024												
29	2025												
30	2026												
31	2027												
32	2028												
33	2029												
34	2030												

12

12 Die Konvertierung in Number war nicht möglich

Excelstammtisch vom 07.02.2022

„Guten Morgen,

ich versuche gerade eine PowerQuery-Auswertung aus den Interviewfragebogen zu erstellen. Ich erhalte allerdings die Fehlermeldung „Die Konvertierung in Number war nicht möglich.

Was mache ich da falsch?"

So begann die Mail. Und: Was mache ich mit so einer Mail? Richtig: ich schlage vor, mir das Ganze über teams anzusehen. Und tatsächlich:

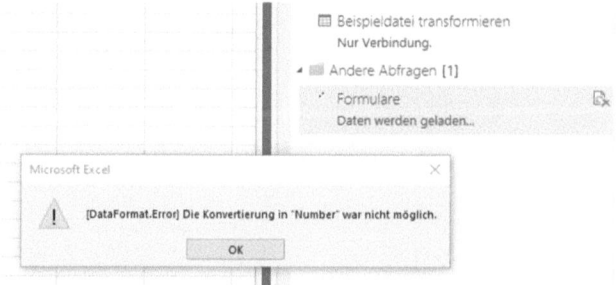

Okay. Langsam. Von vorne bitte. Können wir uns das Ganze mal bitte in Ruhe ansehen? Was machen Sie?

In einem Ordner befinden sich mehr als 50 Excelmappen:

Die Reports

Name	Änderungsdatum	Typ	Größe
Entwurf internationale Gehaltsinfo1	20.01.2022 10:01	Dateiordner	
Anja_Richter.xlsx	19.01.2022 12:24	Microsoft Excel-A...	26 KB
Ariane_Berthier.xlsx	19.01.2022 12:24	Microsoft Excel-A...	26 KB
Arno_Bost.xlsx	19.01.2022 12:24	Microsoft Excel-A...	26 KB
Britta_Simon.xlsx	19.01.2022 12:24	Microsoft Excel-A...	26 KB
Christine_Koch.xlsx	19.01.2022 12:24	Microsoft Excel-A...	26 KB
Cornelia_Träger.xlsx	19.01.2022 12:24	Microsoft Excel-A...	26 KB
Danielle_Tiedt.xlsx	19.01.2022 12:24	Microsoft Excel-A...	26 KB
Dorena_Paschke.xlsx	19.01.2022 12:24	Microsoft Excel-A...	26 KB
Fukiko_Ogisu.xlsx	19.01.2022 12:24	Microsoft Excel-A...	26 KB
Heinrich_Fischer.xlsx	19.01.2022 12:24	Microsoft Excel-A...	26 KB
Helge_Hoening.xlsx	19.01.2022 12:24	Microsoft Excel-A...	26 KB
Helmut_Hornig.xlsx	19.01.2022 12:24	Microsoft Excel-A...	26 KB
Henrik_Jensen.xlsx	19.01.2022 12:24	Microsoft Excel-A...	26 KB
Ingolf_Stöber.xlsx	19.01.2022 12:24	Microsoft Excel-A...	26 KB
Inke_Herrmann.xlsx	19.01.2022 12:24	Microsoft Excel-A...	26 KB
Jae_Pak.xlsx	19.01.2022 12:24	Microsoft Excel-A...	26 KB
Jan_Schräpel.xlsx	19.01.2022 12:24	Microsoft Excel-A...	26 KB
Jennifer_Riegle.xlsx	19.01.2022 12:24	Microsoft Excel-A...	26 KB
Jens_Geschwandtner.xlsx	19.01.2022 12:24	Microsoft Excel-A...	26 KB
Jens_Johannsen.xlsx	19.01.2022 12:24	Microsoft Excel-A...	26 KB
Joachim_Seidler.xlsx	19.01.2022 12:24	Microsoft Excel-A...	26 KB
Jose_Lugo.xlsx	20.01.2022 10:04	Microsoft Excel-A...	26 KB
Karen_Berg.xlsx	19.01.2022 12:24	Microsoft Excel-A...	26 KB
Katja_Heidemann.xlsx	19.01.2022 12:24	Microsoft Excel-A...	26 KB
Lutz_Gebhardt.xlsx	19.01.2022 12:24	Microsoft Excel-A...	26 KB
Manuela_Döring.xlsx	19.01.2022 12:24	Microsoft Excel-A...	26 KB
Marie_Reinhart.xlsx	19.01.2022 12:24	Microsoft Excel-A...	26 KB
Markus_Breyer.xlsx	19.01.2022 12:24	Microsoft Excel-A...	26 KB
Meng_Phua.xlsx	19.01.2022 12:24	Microsoft Excel-A...	26 KB
Michael_Berroth.xlsx	19.01.2022 12:24	Microsoft Excel-A...	26 KB
Mike_Schneider.xlsx	19.01.2022 12:24	Microsoft Excel-A...	26 KB
Nina_Vietsen.xlsx	19.01.2022 12:24	Microsoft Excel-A...	26 KB
Nurhan_Güran.xlsx	19.01.2022 12:24	Microsoft Excel-A...	26 KB
Pascaline_Overeem.xlsx	19.01.2022 12:24	Microsoft Excel-A...	26 KB
Patrick_Gottwald.xlsx	19.01.2022 12:24	Microsoft Excel-A...	26 KB

Jede dieser Mappen hat folgenden Aufbau:

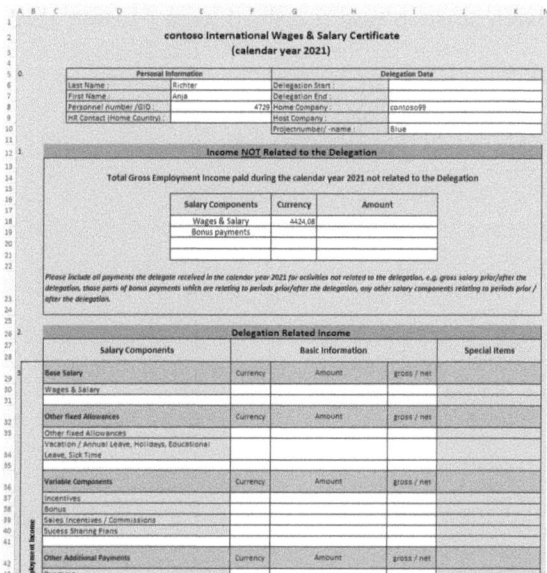

In Spalte A befindet sich in jedem Formular eine Nummer der Form 0., 1., 2., …

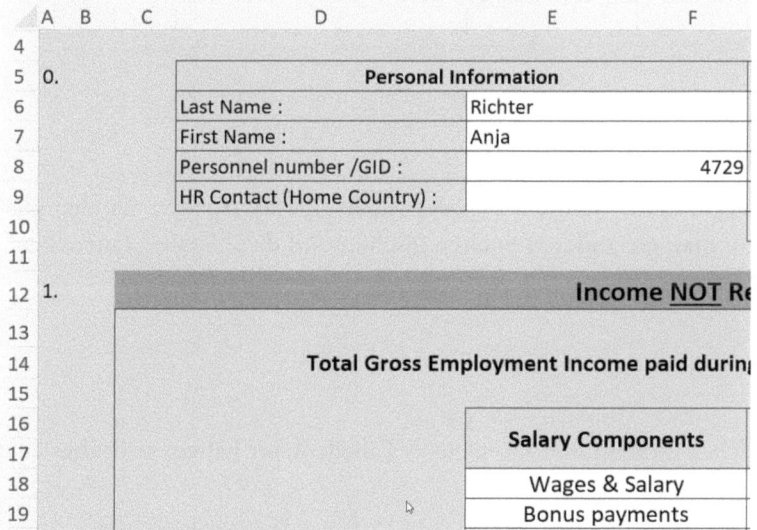

Aus einigen dieser Gruppen sollen Informationen ausgelesen werden. Diese Informationen befinden sich in Spalten rechts daneben. Soweit so gut – PowerQuery ist das richtige Werkzeug hierfür. Wir schauen uns das Ganze an – Schritt für Schritt:

1. Schritt: Leere Arbeitsmappe. Daten / Daten abrufen und transformieren / Daten abrufen / Aus Datei / Aus Ordner

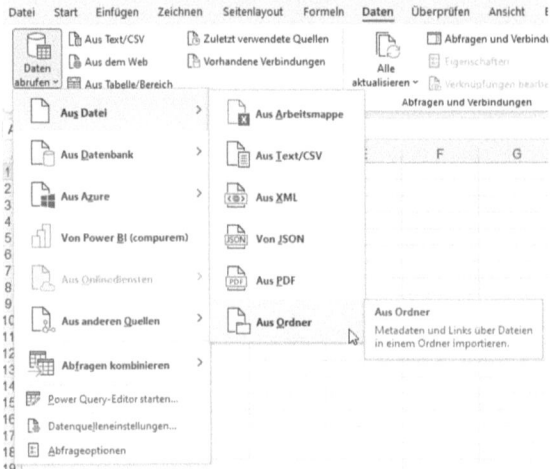

2. Schritt. Der Ordner wird ausgewählt; die Daten werden transformiert.

3. Schritt: Unterordner werden ausgeschlossen; andere Dateitypen ebenso:

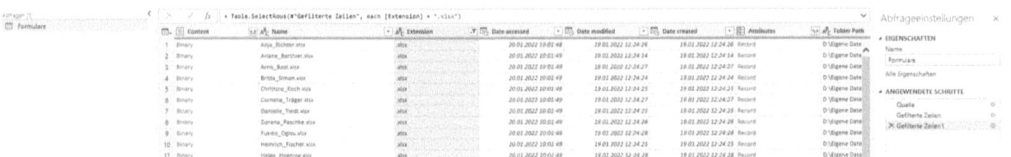

4. Schritt: In der Spalte „Content" befindet sich der Inhalt. Da die Spalten alle den gleichen Aufbau haben, kann man die anderen Spalten löschen und diese Spalte „entpacken":

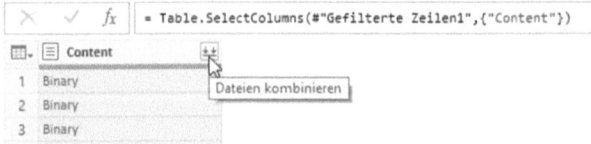

Da alle Dateien den gleichen Aufbau und das gleiche Tabellenblatt haben, stellt dies kein Problem dar:

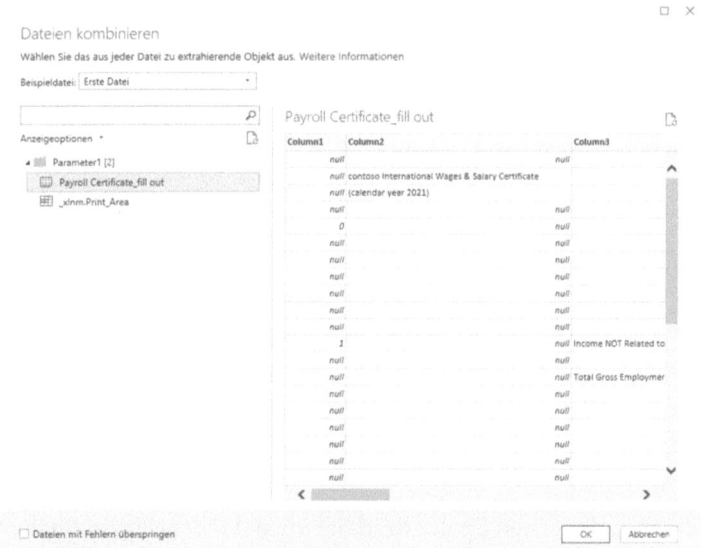

Das Ergebnis:

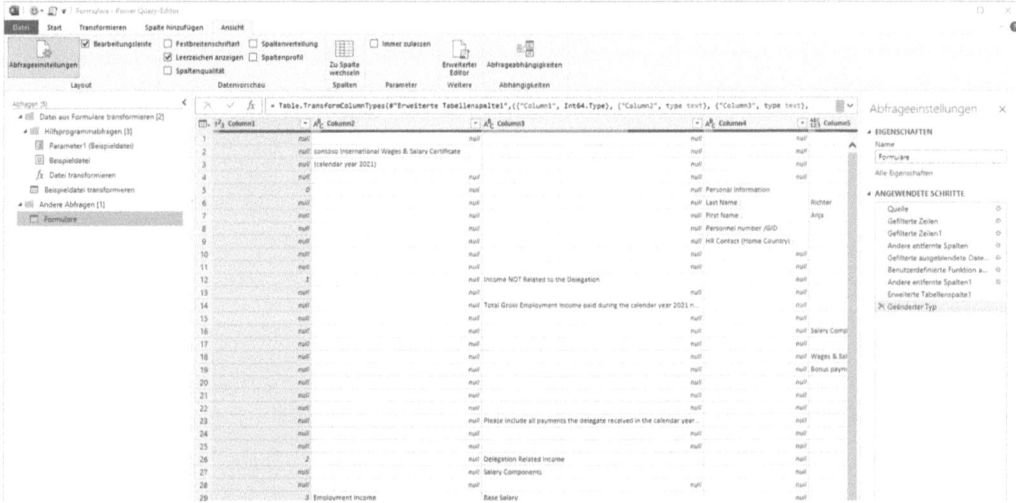

Da Informationen aus bestimmten „Gruppen" geholt werden, wird die erste Spalte über Transformieren / Ausfüllen „nach unten gezogen":

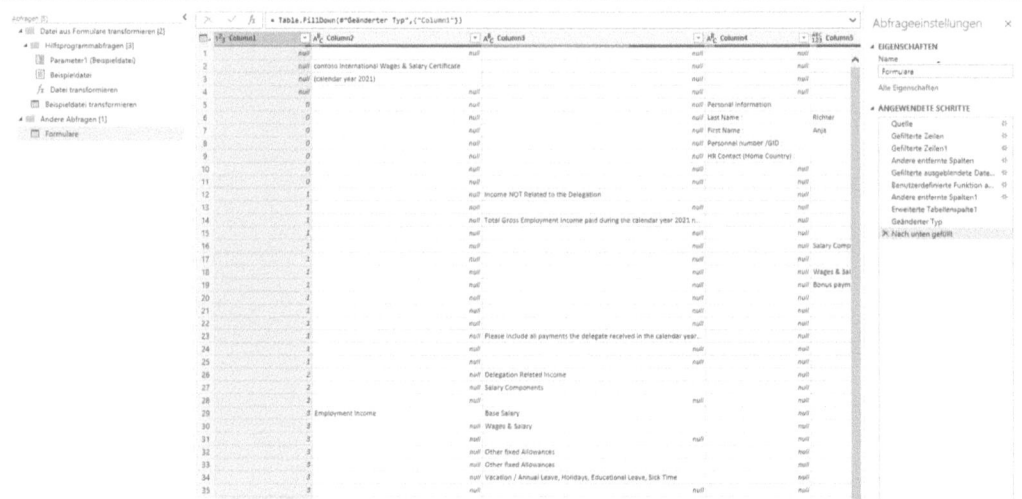

Einige Spalten werden gelöscht. Aus der ersten Spalte werden einige der benötigten Spalten selektiert:

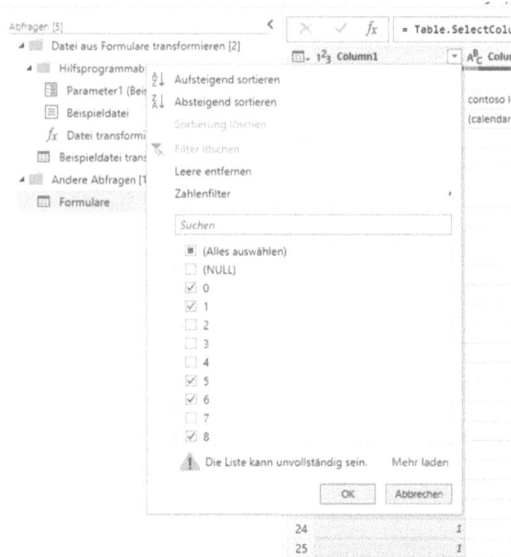

Das Ergebnis wird zurück nach Excel geschrieben (Start / Schließen & Laden / Schießen & Laden in). Obwohl die Daten in Powerquery korrekt angezeigt werden:

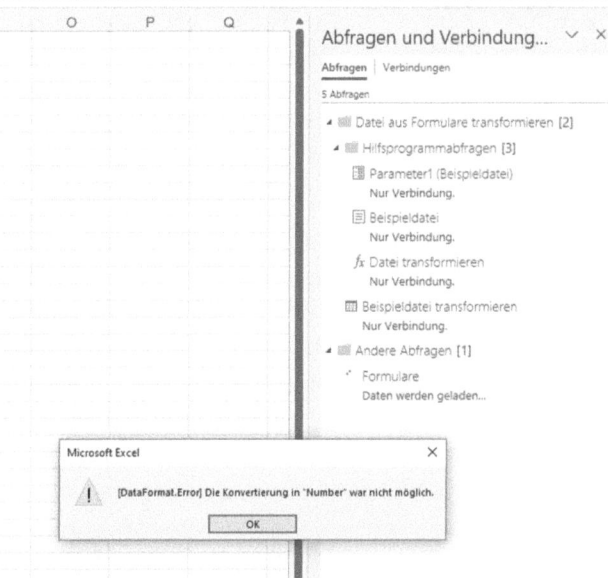

ist die Fehlermeldung die Folge:

[DataFormat.Error]. Die Konvertierung in „Number" war nicht möglich.

Ich stutze. Zurück zu PowerQuery. Vielleicht ist „irgend etwas" in der ersten Spalte?!? Es sieht nicht so aus:

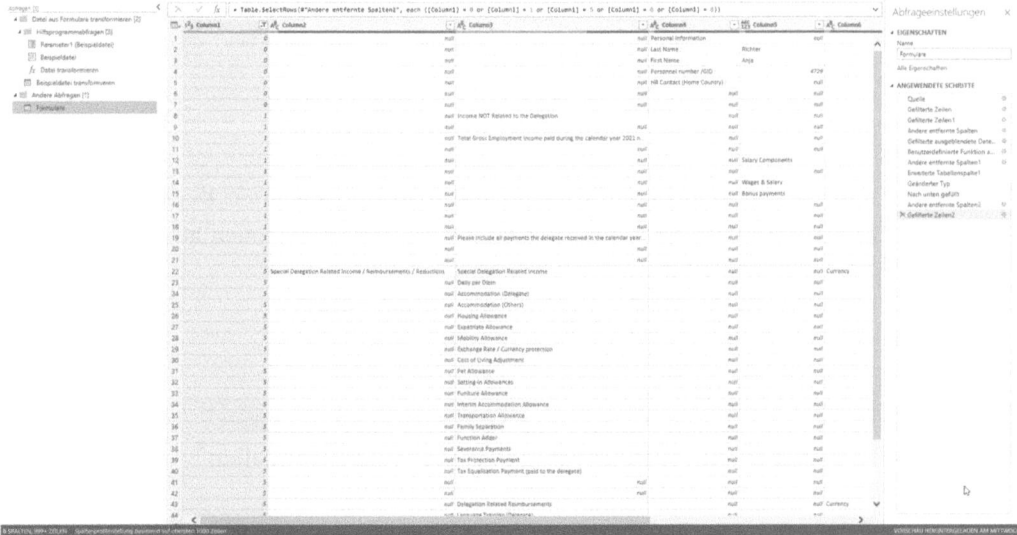

Aber: „Die Liste kann unvollständig sein."

Ich lasse mir über Ansicht die „Spaltenqualität" anzeigen: Kein Fehler in der ersten Spalte!?!

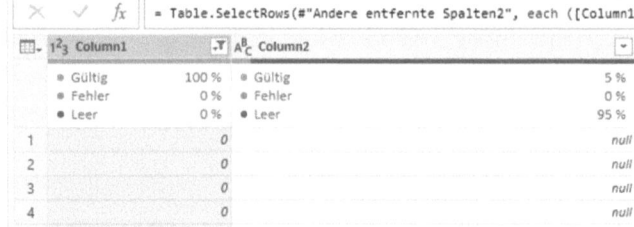

Wirklich nicht?

Wir wissen, dass PowerQuery zu Beginn nur 1.000 Zeilen auswertet. Bei 50 Formularen x zirka 150 Zeilen sind das 7.500 Zeilen. Okay – ich lasse **alle** Zeilen auswerten, indem ich auf der Statuszeile von 1.000 auf „alle" wechsle:

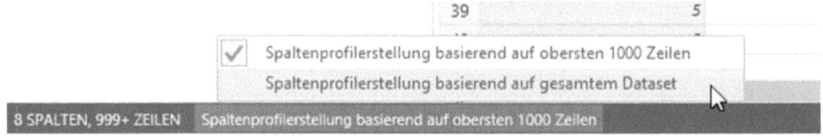

Und tatsächlich: **jetzt** lautet die Beschriftung der Zeile „Spaltenqualität"

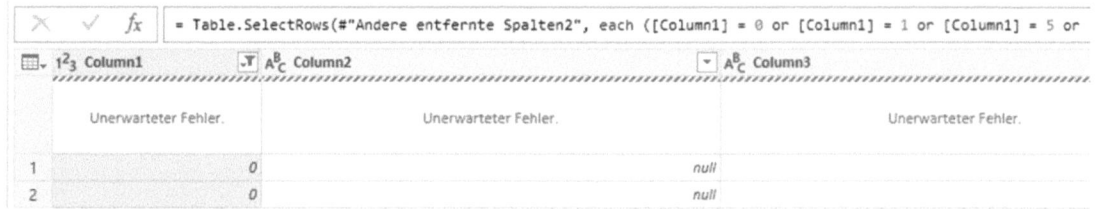

Unerwarteter Fehler.

Aha!

Ich gehe auf die Suche – Schritt für Schritt zurück. Schon bald ist klar, dass die Häufigkeit der Fehler unter 1% liegt:

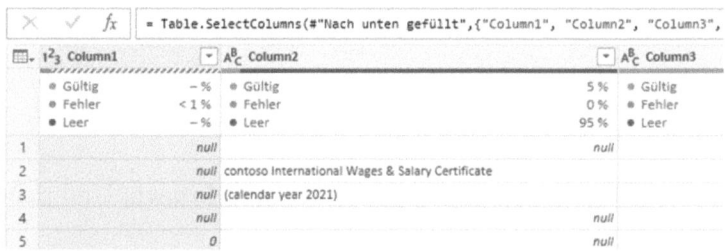

Der Fehler tritt auf, als der Typ geändert wird. Moment – DAS habe ich doch gar nicht gemacht:

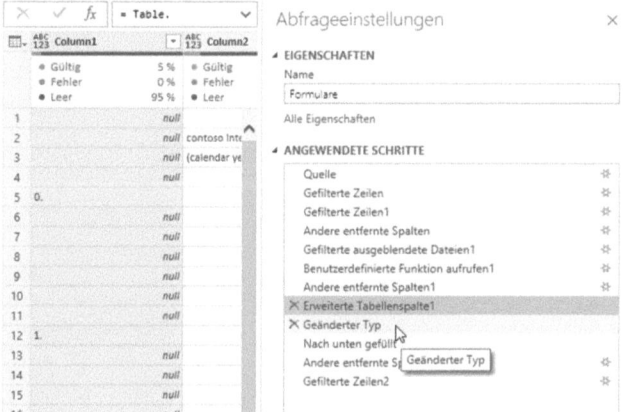

Richtig: in *Datei / Optionen und Einstellungen / Abfrageoptionen* lautet die Grundeinstellung:

Spaltentypen und -überschriften für unstrukturierte Quellen immer erkennen. Und richtig: Das produziert den Fehler:

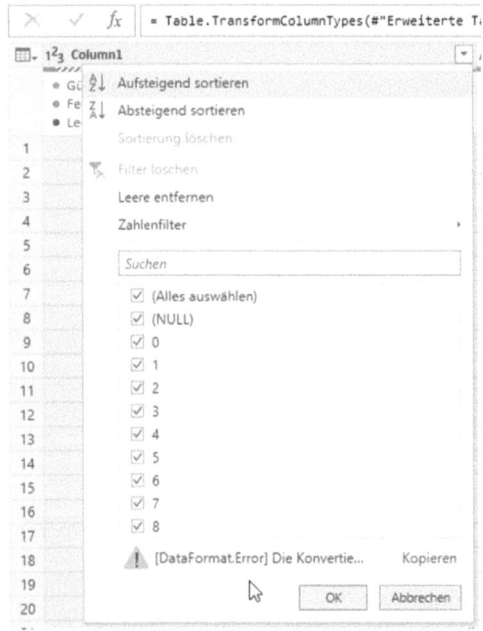

[DataFormat.Error]

Aha – diese Einstellung bewirkt, dass aus 0., 1., 2., … die Zahlen 1, 2, 3, … werden. Das heißt: in einer der Dateien befindet sich wahrscheinlich in Spalte A eine andere Informationen.

Welche Datei? Zurück zum Anfang:

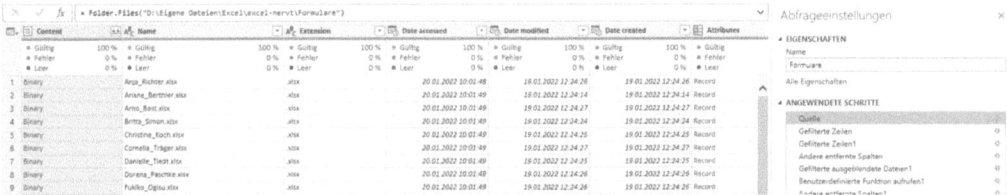

Ich entferne die erste und die zweite Spalte (den Dateinamen) nicht:

Bevor der Datentyp geändert wird, lasse ich mir alle Inhalte anzeigen:

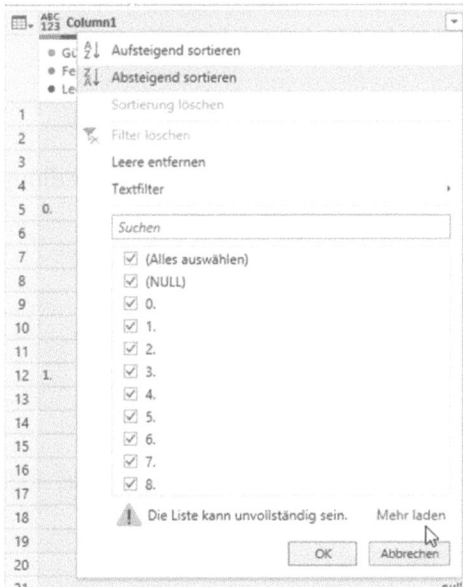

und stelle fest, dass in einer (oder mehreren) Zellen ein Punkt vorhanden ist:

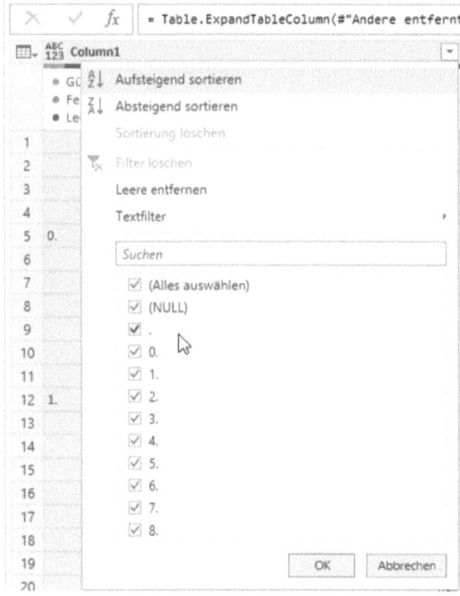

Da ich die Dateinamen „sehe", kann ich die Spalte in den Datentyp „Text" konvertieren und den Übeltäter filtern:

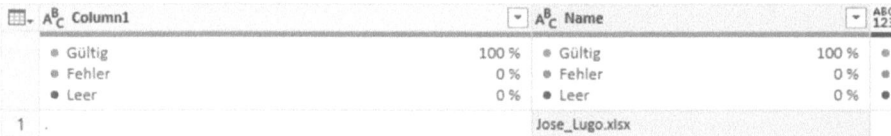

Als Text erzeugt der Punkt kein Problem, allerdings bei der (automatischen) Umwandlung in Zahl.

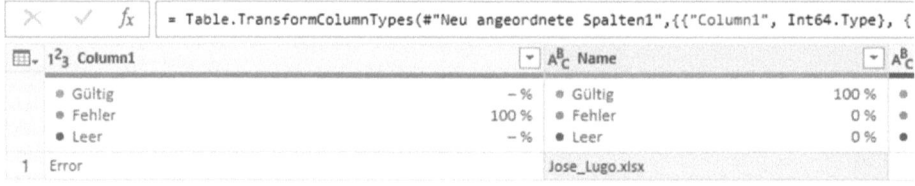

Die Lösung liegt auf der Hand: entweder man löscht den Punkt in PowerQuery raus oder man geht auf die Suche in der Datei:

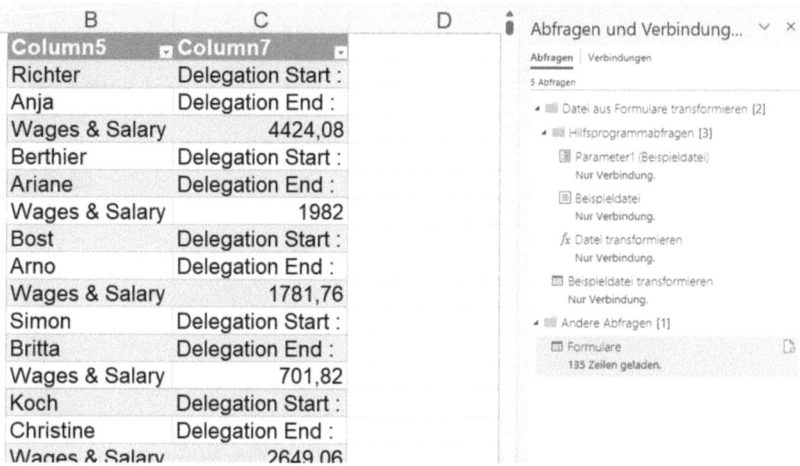

Und dann funktioniert die Zusammenfassung problemlos:

Fazit: Vermeiden Sie – wenn möglich – die automatische Datenkonvertierung.

Verwenden Sie ALLE Daten bei der Fehlersuche.

Verwenden Sie die Werkzeuge der Registerkarte Ansicht, also: Spaltenqualität, Spaltenprofil und Spaltenverteilung.

13 Index

Ein Wort zu mir

Seit 1990 unterrichte ich Softwareprodukte von verschiedenen Herstellern aus verschiedenen Bereichen. Dabei zählt Excel zu meinen bevorzugten Programmen. Nicht nur, weil es in viele verschiedene Wissensgebiete eingreift, sondern auch, weil an dieses Produkt immer wieder neue Anforderungen gestellt werden, die es zu lösen gilt. Vielleicht, weil es in Excel oft ums Knobeln, Denken, Probleme Lösen, … geht – ich habe Spaß daran.

***

Ich sehe übrigens auch nicht aus wie auf dem Foto – das Bild ist 6 x 4 cm groß und ziemlich flach – ich dagegen bin rund, habe Volumen und Format, bin etwas länger und nicht in Pixel auflösbar.

Und: gerne biete ich Ihnen Excel-Schulungen an. Und natürlich auch Schulungen im Bereich (Excel) VBA.

Weitere Infos über mich finden Sie auf meiner Seite www.compurem.de.

Und meinen Blog: www.excel-nervt.de

Neben meiner Unterrichtstätigkeit programmiere ich auch (beispielsweise VBA in Excel oder VS.NET mit Excel), schreibe Bücher und Zeitschriftenartikel und erstelle Lernvideos für LinkedIn learning.

Hier einige der Lernvideos, die ich bei LinkedIn learning erstellt habe:

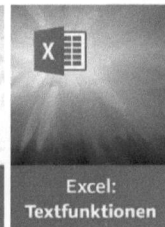

Daneben:

- Excel Makros
- Funktionen zum Nachschlagen und Verweisen
- Technische und mathematische Berechnungen
- Tipps, Tricks, Techniken

Und hier einige der Bücher, die ich geschrieben habe: